獻給愛讀的父親

愛讀女人

廚房與書房的距離

雷翠芝著

基道出版社

愛讀女人
廚房與書房的距離

Reading Books, Reading Her
Cooking Room/Reading Room

作者
雷翠芝 Lui, GiGi

責任編輯
李慧儀

裝幀設計
郭曉勤

出版／發行
基道出版社
香港沙田火炭坳背灣街26號富騰工業中心1011室
LOGOS PUBLISHERS
Unit 1011, Fo Tan Ind. Centre, 26 Au Pui Wan St., Shatin, Hong Kong
電話：(852) 2687-0331　傳真：(852) 2687-0281
網址：http://www.logos.com.hk

承印
海洋印務有限公司

1/2005初版
Cat. No. LP826
ISBN 962-457-276-3

男人的核心是女人(代序)

許立中

自從西蒙波娃提出了「第二性」的說法，女人對本身的性別角色和身分開始變得刻意和自覺。張賢亮說「男人的一半是女人」，表面上好像教人聯想到女人跟男人在性別地位上平分秋色，其實也可以這樣倒過來理解：「喂，女人的性別地位不是已經充分在男人身上體現，還有甚麼好吵的？」

從歷史的角度來說，女性主義的興起固然絕對可以理解，她們努力爭取的成果亦可以在個別女性身上得到體現；但整體來說，性別地位的爭議卻不見得因此變得更加清晰，反而在角色身分方面愈見混淆。

從來沒有刻意以性別去選擇作者，起碼大學時代我還有看張曉風的《給你，瑩瑩》；文革的年代，我看耿淩的《天讎》，也看張愛玲的《赤地之戀》。可客觀來說，書架上的作者卻的確是男多於女。中學時代已看錢鍾書的《寫在人生的邊上》和《人獸鬼》，可是楊絳是錢夫人的身分，還是最近才知道。大一那年讀過一本維珍利亞和芙，但現在還有印象的，亦不過是她那位氣質優雅的年輕女教授。

龍應台是我近年最佩服的華人作者，並將她的著作列在我大一通識新生導修的推薦書單之中。可這也跟她的性別無關——至少她的作品並不特別「女性」。在《野火集》中她只不過是一個路見不平的「好漢」，以致不少回應的讀者都稱呼龍應台為「先生」。隨後的著作顯示龍應台是一位思路清晰、情理兼備、有深厚歷史文化內涵的知識分子——當然還是兩個男孩的媽媽。

雷翠芝從沉溺、完美、剛強和世俗等角度去審視現代女性作家筆下所表達的女性氣質和關懷，看起來像是順手拈來，卻也處處表現出作者對自身性別角色的敏銳和反省。

聖經《創世記》記載：「上帝就照著自己的形像造人，乃是照著祂的形像造男造女。」似乎並無任何厚此薄彼之意。作者指出，一句「骨中之骨，肉中之肉，女人就得接受自己從屬的角色。」但會不會這句話的意思，其實是要指出女人是男人的神粹、精華，也因此表現出人性的核心、要害？

愛讀女人之後……（代序）

駱穎佳

我於你是誰，我於我是誰，這不是一回事。我們之間雖然接近，卻又不可相互更改。但是，如果我們沒有區別，如何彼此施予，彼此照應？

——依利加雷（Luce Irigaray）

其實男又好，女又好，都是眾數。沒有一種單一的男性樣板，也沒有單一的女性樣板。讀《愛讀女人》，令作為男性的我有一種嫉妒，因有人，如此貼心，如此敏銳的寫女人，且是眾多生相的女人。有時想，何時才有一本《愛讀男人》，將眾多男人的面相展露。男人何嘗又不需來一次解構呢？

當然本書也有點意猶未盡，因我總想知道書中每個女人身邊的男人是怎樣的男人，近日讀法國女性主義者依利加雷的《二人行》（*Être*

Deux)寫到兩性身分的差異，讀到兩性的交流，或意向的、或身體的、或情感的，如何在相互協助、交流(當然也有傷害)中各自發現及創造自己或對方。故此每個女性生命中總有各樣男性的身影，反之亦然。但本書畢竟只寫女人，男人卻似乎缺席。或許下次也一併寫她們身邊的男人，相信會更豐富我們對各女子的了解。

認識Gigi多年了，不敢説對她很了解。何況有時所謂的了解，只不過是一廂情願的投射與想像，都是帶點操控性的思想暴力。但大膽點説，她是少有的知性與感性俱備的女性作者，且相當節制地以文化理論去呈現一己感性觀察的人，為讀者帶來種種想像之餘，也能對一己處身的環境、性別、信仰及個人生命帶來反省。有時也欣賞她不自覺的在書寫過程中種種的生命流露，或自我解構。正如她在序言所説，寫人的過程不知不覺間也「出賣了」自己。其實我總相信沒有不涉及自我生命的書寫，每次作者對一景一物一人的書寫都是一次作者自我的呈現與發現，故此，寫作總是一場自我揭露的冒險，但亦惟有此，作者才能在冒進的寫作過程中，生命得以更多的成長。

自序

雷翠芝

我寫，因為愛讀。

愛讀，因為懶惰。

別人經驗，唾手可得，何樂而不為。

別人的文字在我身上爬過，在新的宿主上孕育了新的意義，別人再看我寫，再整合再反芻。

愛讀女人寫了幾年，標誌及見證了我成為女人之路。做女人究竟是甚麼意思？我飄浮，我猶疑。因為寫女人，我嘗試了解女人，簡單來說，是了解自己。

誠如立中所言，我看書也從不以作者性別為分野，只是寫了愛讀女人，我發現了新的角度、新的視野。每一次寫作膽戰心驚，每一次不堪回首。仍繼續寫，寫是過去的反省，現在的實踐，未來的探索。因此我的存在有了時空，有了實在的感覺，做一個實實在在的女人。

朋友說，我不是在寫那些女作家，我在寫自己，我沒有否認。作為一個人，作為基督徒，作為一個女人，全是無法逃避的角色和身分。當我解剖自己，出賣自己，在敞開與失去的同時，我得到更多。

沒有愛讀的父親，沒有充當讀者的好友，我根本早就放棄。不過，看到其他女子努力在寫，我的筆又忍不住動了。抱歉，我再寫，希望仍有人願意看，與我分享人生旅程的苦與樂、點與滴。我深信女子不單需要一個屬於自己的房間，也需要知音，否則不過是在密室中尖叫的瘋婦，有聲音但沒有了身分，誰人還理會她是否愛讀女人。

目錄

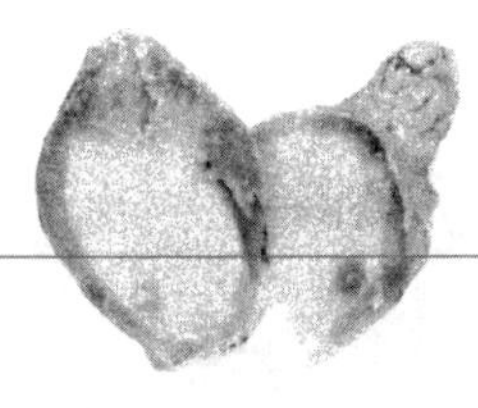

Women and Beauty

成英姝／平路／張曼娟

美麗可能是女人的本錢，也是女人的悲哀。

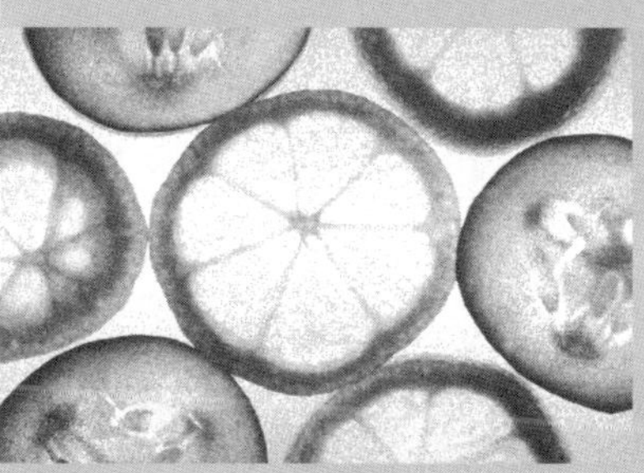

女人擅長裝假。明明好想別人知道，卻煞有介事地遮掩；明明心裏萬分介意，卻扮大方。男人永遠摸不清女人心事。看女作家的文章，不難發現這微妙的女人心理。

對外型，總在意。對別人的評頭品足，很難完全處之泰然。於是女作家很自覺地「Position」自己。怎樣表達美麗？怎樣隱藏美麗？一方面，美麗可能是女人的本錢，也是悲哀；一個名字叫美麗的女人，背負的可能是詛咒。要突破宿命，女人會表現反常，to show/not to show; to be seen/not to be seen，一種女人要學的藝術。

美麗太霸道，往往令人覺得短暫、表面，讚嘆之後是惋惜。作為愛寫女人，女人的才情極容易被美麗掩蓋，連堂堂今屆諾貝爾獎得主都慘遭評為不夠漂亮。

在奧國領導輿論的維也納自由派報紙《標準報》（Der Standard），今天在副刊登出一篇報導，描寫部分奧地利媒體處理得獎消息的痛苦：銷售量廣大的八卦報《王冠報》（*Kronen Zeitung*）決定在頭版不刊出葉利尼克的照片，理由據說是這位有史以來第一位獲得諾貝爾殊榮的奧地利作家「沒那麼漂亮」。（轉引自二〇〇四年十月九日：http://www.epochtimes.com/65/4/10/9/n684806.htm）

然而誰會想人以為自己是醜八怪？才女如張愛玲也重視書封面相的美感。談到美麗，怎可不提**成英姝**？別人一知道我寫她，馬上問是否那個「靚女」作家。雖然被視作漂亮女生，成英姝卻希望別人看見她膽小怕事的一面，不想出風頭。**平路**亦是如此：「我總是低聲說話，我經常穿暗色衣服……多麼害怕成為別人目光的焦點。」她們一方面希望別人注意自己，另一方面又怕別人的眼光。以前的女作家用男性筆名，使人不以她們為女人，免致招來偏見批評。今天講求包裝宣傳，女作家很難避免拋頭露面，還有女作家多會把女兒家心事透露於作品，所以很多時遇到熱情的讀者，既興奮又害羞，更何況一己的美貌成了羣眾的著眼點。

讓自己的美麗表現出來，**張曼娟**在這方面是不吝嗇的。打出旗號做美白化妝品廣告主角，對「美麗女人無學識」這世人的偏見，來個正面控訴。她愛女子的美，不同姿態與風情，因此，在她的故事裏有美麗的女子，也有美麗的故事。

曾有心理學研究指出，女人視漂亮的同性為競爭對手。刻意地隱藏自己的漂亮，或許是女作家爭取女讀者的手段，然而，哪個女人不想自己漂亮？字裏行間還是流露了愛美的天性。有些作家從不在人前展露樣貌；有些則欲蓋彌彰地自貶。女人的刻意代表在意，坦坦白白說出所想，又怕失儀；尤其那些前衛思想作家更不好承認自己愛美。倒是王安憶，比較坦白，說自己丈夫拍得自己不夠漂亮。其實女作家不過是普通女人，矛盾的心理和其他女人都一樣，正是這樣的女性素質帶來文字風格的不一樣神祕魅力。

千面夏娃成英姝

「你怎樣看成英姝？」

這是別人知道我寫成英姝的第一個反應。這條問題問得很弔詭。寫了這麼多的作者，但並不常有人這樣的提問。名，她有了；獎，她也有。然而她究竟是甚麼葫蘆賣甚麼藥，誰也說不上來。問的人有的也看過她的作品，但記得的是她的樣貌。美麗可能是女人的本錢，也可能是悲哀。事物的表面並不盡然反映事實。故事所以引人入勝，正是事實往往出人意表，同時又在計算之內。神祕懸疑的情節恰巧填補平常都市人生活的空虛，人人都在期望著自己成為「特別的一位」。成英姝作品的主角正好代表這種「平凡人」不按常規的反動，戲劇性地破壞秩序，從中達至快感。藉著故事，藉著寓言，人才在想像中得著認同和勇氣，道理跟看《哈利波特》和《魔戒》彷如同出一轍。

《好女孩不做》一書中有很不依常理發展的故事，若當寓言看，在

繁華都市中，有人在日常生活裏不慎脫軌，做出意想不到的事，像在〈男人討厭的女人〉一文中，那男孩常吹噓自己對女人很有經驗，現實是只會說，但不敢作任何行動。有日發現對面住了一個胖女孩，他不斷寫信威脅要對付她，因她的胖惹他怒。但到真正相遇時，才察覺與她相處很愉快，驚覺愛的痕迹。成英姝筆下的主角往往非常自我中心，卻膽小如鼠，終日投訴事情不順意，空有一副憤怒相，往往未能發現問題的答案其實並不在外，造成困局的人就是自己。《人類不宜飛行》的主角就是那樣的一個人。

相比小說，成英姝的散文顯得沒瞄頭，連她自己也發現寫來力有不逮。我，作為她的讀者，有時發覺行文不太通順，要反復看多次，才看得懂。我就是因為先看散文才看小說，印象頗壞，而她自己也承認不大會寫散文（《女流之輩》，頁十二）。後來我再看小說，是有點改觀，故事細節很多，卻沒有散亂感覺，內容發展頗為有趣，難怪能吸引到文壇的關注。

小說跟散文帶給我截然不同的成英姝印象。成英姝用了很多「男性角度」來寫小說，從第一身寫男性情欲，直接了當，很生理的反應，她寫男性堅強表面背後的軟弱，也談到同性戀的迷思。在散文中，她試圖用女性身分談論電影，談論文學，談論愛情，想過好好當一個女性主義者，但美麗有才華的她不難明白女性友誼的脆弱，為女性說句話，還是頗有難度（《女流之輩》，頁一五五）。

了解成英姝，不容易，她未必想我們看清楚她，她是立意讓矛盾存在的。看她和楊照的訪問[1]，發現靠理性思考的她可以是簡單又不世故的。漂亮自信背後，成英姝要我們相信她怕事膽小，是一個認為自己不算美麗的人。

如她所說，在小說創作裏，她可以隱藏自己；在散文中則有誠實的考驗，自己的真實面將要暴露，但是連她自己也相信女性的本質是小心眼、嫉妒、偏執，她又怎樣才可以不身陷險境？倘若女人潛有罪的劣根性，女人可以如何面對她的罪，以至可以真誠生存？

註1：見《印刻文學生活誌》，創刊二號，二〇〇三年十月，頁十六至二十七。

著有：

《公主徹夜未眠》1994
《人類不宜飛行》1997
《好女孩不做》1998
《女流之輩》1999
《無伴奏安魂曲》2000

成英姝

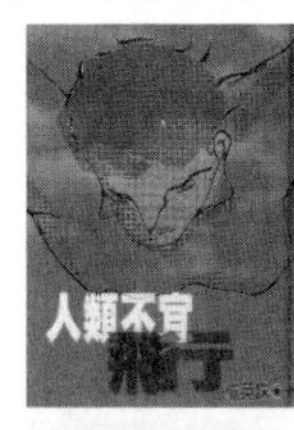

平路路平

懶懶的、忸怩的是她。在文字裏，她特意隱藏，換上了男性的外衣，然而骨子內洶湧的柔情還是跑了出來。

之前，我其實不喜歡在文字中談論自己。再久以前，矯枉過正吧，我的小說主人翁性別多是男的，刻意去逃避與我本人做出任何聯想。我總是低聲說話，我經常穿暗色衣服，盡可能站在人羣的一角，多麼害怕成為別人目光的焦點。

——《巫婆的七味湯》，頁一三一

雖然如此，她還是在披露，平路的筆名沒有埋沒她的身分，反而更突顯她自己，隱藏其實是顯露。很奇怪不少女作家好像很怕別人「看見」自己，成英姝也是一樣，然而又不能自制地把情感種種表現出來，這樣其實很「女人」。很想表達自己，又怕表達自己。才氣沒有令女作

家更安全，因為她們知道讀者會有意無意地品評她們的樣貌和身材，這壓力不是男作家所能感受和理解的，社會對男女作家有不同的評核標準，女性要安於自己的女性聲音並不容易。平路的台灣背景和立足美國的經驗造就她對這困局的敏感度和警覺性。學著老美的方式，仍不免有時覺得勉強，她用「狗臉的生日」形容自己如何扮驚喜，投入西方慶祝生日的社交遊戲（參《巫婆的七味湯》）。另外在〈十二月八日槍響時〉的故事中（輯錄在《玉米田之死》），男主角阿坪來自越南，依附著白人女人蒂娜在美國生活，總常覺得失落了自己的一部分，只有在回憶和想像中得以完全。在〈玉米田之死〉中的陳溪山，又何嘗不是在玉米田中尋找那失落和被遺忘的呢？

平路出席研討會曾穿錯了不同款的鞋子，她也是在想像中修復傷痕，想像自己穿錯了其他女人鞋子的香艷情況。

一個會顛覆自己名字的作家，她的小說故事是偵探和心理分析的總和，煞有介事不放過小節，引發推展，好像快要看到真相，普通的玉米田可以發展成奇案；《何日君再來》歌者哮喘病發死，成為一個過氣特務的重點調查案件，甚至推斷歌者故意失蹤，來換回屬於自己的生活。一張孫中山與宋慶齡的船上合照，發掘到天涯兒女的俠骨柔腸，真相不算事實，事實不過故事。讀心理的人如平路，看到的不是結果，反而是故事主人翁重重的心理關口。

作為作者，她倒是很坦白承認與父親的關係不理想，父母親都不贊成她全身投入寫作，放棄在美國的差事。《紅塵五注》中所輯錄〈那股霉濕味〉中，她用了男性的身分，憂憂地透露與家人的格格不入。平路甚至談她的貓，這小貓曾一度受她的父母照顧及寵愛，到後來卻突然被討厭，這彷如在訴說她自己作為獨生女遺背父母意願的故事。她時常說自己懶，這可能只是一種開脫，逃避更高的要求，或許是對她要求嚴厲的父親的一種顛覆手段。

她作品中的角色有潛在的顛覆意念，在《紅塵五注》中的〈櫻花案由〉鐘錶師傅老吳殺死代表日本侵略勢力、售賣「XX堂」化妝品的櫻花小姐，還有同一書中另一個故事〈自己的房子〉，那位沒有名字的太太，偷偷買了一個房子，享受a room of one's own，最後決定離開丈夫，來個移情別戀。

沒錯，這是顛覆。因為了解自己，所以發難離開，要抓住失落的空間，而這注定不被理解，因為那是最私隱的。如平路所願，她要的是鏟平道路，不要人們眼中的平坦道路。

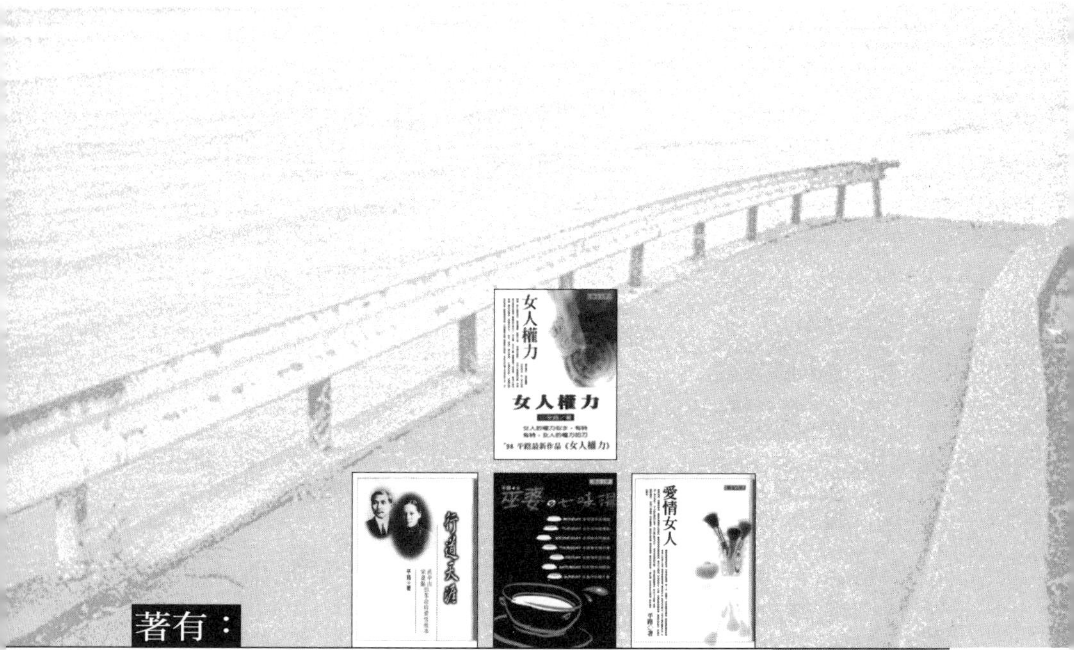

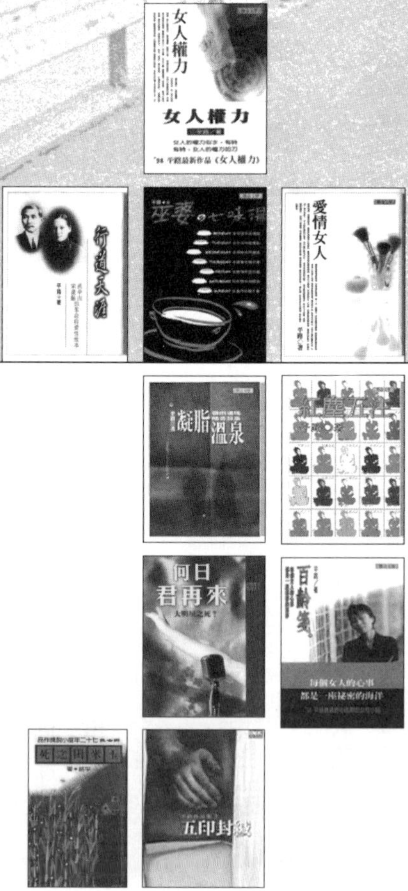

著有：

《玉米田之死》1985
《紅塵五注》1998
《百齡箋》1998
《愛情女人》1998
《女人權力》1998
《巫婆的七味湯》2000
《凝脂溫泉》2000
《何日君再來》2002
《五印封緘》2004

多情女子張曼娟

女作家的樣貌究竟重不重要呢？漂亮的女作家除了才氣，美貌也有吸引力。結果出現了只要樣貌娟好，會寫字，也就能寫作的現象。男人似乎就沒有這樣的運氣。因此，當我看到張曼娟網頁的美女照時，心裏有點怪怪的感覺。是女人善妒嗎？是執意於知識分子應該低調嗎？女人彷彿比男人有更大的空間去唱遊，因為唱遊的女人無罪，而且女人是貓，熱情又善變，再大罪也可以一笑化解。

看張曼娟，我腦海卻想著其他女人，是亦舒嗎？噢！小嫻您好。碧雲，您也在這裏嗎？張曼娟筆下有很多女人，看她的書，像看「相睇」的相簿，一張張等待著愛情來臨的俏臉。「我執意地偏愛女子，因為她們各有不同的姿態與風情，有著令人心動的溫柔、最可愛的，則是一些自認精明的迷糊。」（《海水正藍》）

〈今年木棉不開花〉別具性格的新蕾，〈守月〉中頓失所愛的鄰家少女，〈桃夭〉中因重男輕女被家人親手所殺的小女孩，〈笑拈梅花〉飄忽的穆萱，〈陽光以外〉情婦想找尋單純的愛，卻被引入騙局。叫人心動的不只是女人的種種，是人對愛和被愛的憧憬。曼娟這名字很秀氣，筆觸劃出的亦是個多情世界，暗湧著抒發情感的欲望，呼喊著對往昔天長地久的盟誓、鴛鴦蝴蝶相依情懷的輓歌。她對愛的追求十分直接，執意相信愛情，偏偏一邊惶恐被人對號入座，另一邊廂又按不住內裏澎拜的情感，在《鴛鴦蝴蝶》自序中坦蕩蕩自白。不過除卻出塵，其實也有入世的一面，張曼娟是一個跨媒體創作人，小說、散文、專欄都寫，亦參與舞台劇、作詞、做電視及電台的創作。最令她與其他作家不同的，是刻意的包裝，她曾出任美白化妝品的廣告主角。她的成功除了本身的實力，也包括東吳大學給她的學士、碩士及博士學位。在媒體效應下，滲透著偶像式的明星作家／作家明星風采。她更成立「紫石作坊」，出任策劃，又設立網站，讓人認識她自己和旗下的作家。

《海水正藍》是一個有層次的故事，是女孩對家庭、對生命的反省，那小男孩自殺的場景像影像於頁與頁間來回飄浮，和弦著女孩憶念兒甥的情感。《火宅之貓》及《我的男人是爬蟲類》等長篇小說，情節則複雜得多，人物性格更見突出。一口氣看了很多張曼娟作品後，懸在腦海有兩個疑問。作者讓人看到作品時也看到她，是有意還是無意的呢？怎麼這份「太在意」竟也是作家作品中主角的共通點？讓我解釋我所說的這份「在意」，張曼娟著意要給我們看，她筆下主角為固執而固執，結果太想捉緊，幸福一下從指頭間滑走，剩下是一絲無可奈何的失落和錯愕，只有永遠繼續追尋，追不到的是一份不滅、存在於幻想的美。《火宅之貓》的齊大夫不正是因太看緊自己，「燒毀」了自己，也害了阿咪，直到後來才醒悟過麼？「等待」改變了愛的節奏，不驚動情感，等他自己情願。當人的眼光離開自己，才能真正學習愛的功課。

遲開的蓮
你說我是遲開的
因此　錯過了夏季
然而我是守著自己
綻放的訊息
若你願意
可伴我傾聽
秋蟬最後一支歌曲

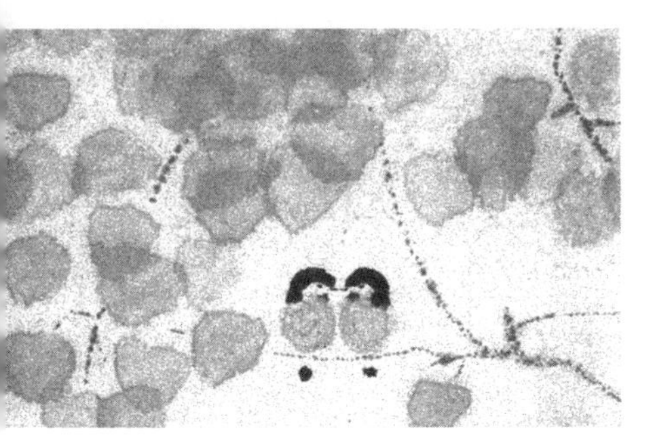

若你願意
可在輪迴的四季
時常回憶
南方明月
我曾怎樣的清麗
註定要在這個季節
與你相遇
並在分別以後重複
你鍾愛的詩句
時間於我
彷彿沒有甚麼意義

——摘自《笑拈梅花》

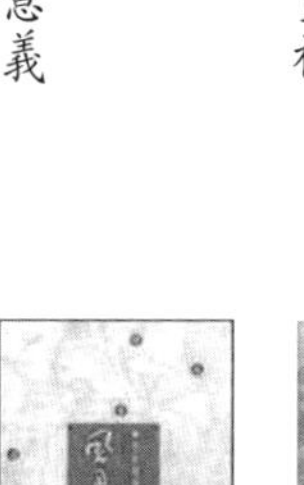

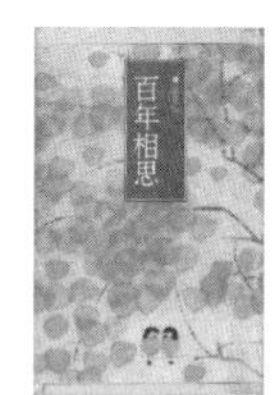

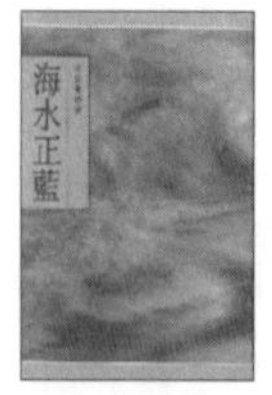

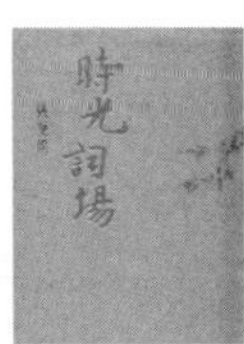
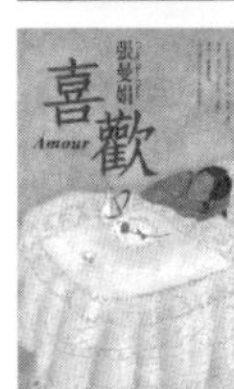

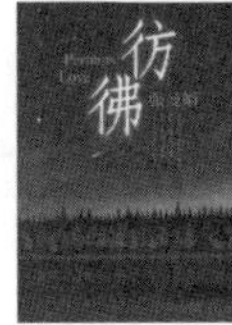

張曼娟

著有：

小說

《鴛鴦紋身》1984
《海水正藍》1985
《笑拈梅花》1987
《我的男人是爬蟲類》1996
《火宅之貓》1997
《喜歡》1999
《彷彿》2000
《愛情，詩流域》2000
《時光詞場》2001

散文

《緣起不滅》1988
《百年相思》1990
《人間煙火》1993
《風月書》1994
《鴛鴦蝴蝶》1997
《溫柔雙城記》1998
《愛情可遇更可求》1998
《夏天赤著腳走來》1998
《女人的幸福造句》1999
《幸福號列車》2001
《青春》2001

論文

《古典小說的長河》1996

Women and Inconsistency

王安憶／林徽音／李昂

如果男人尋找的是有秩序的equilibrium，女人追求的則是太極式的和諧，時常自我矛盾，但仍然不損完整，所以不要因女人自相矛盾而大驚小怪。

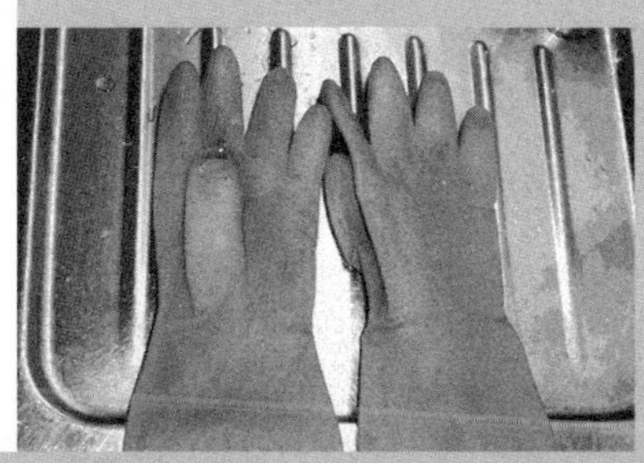

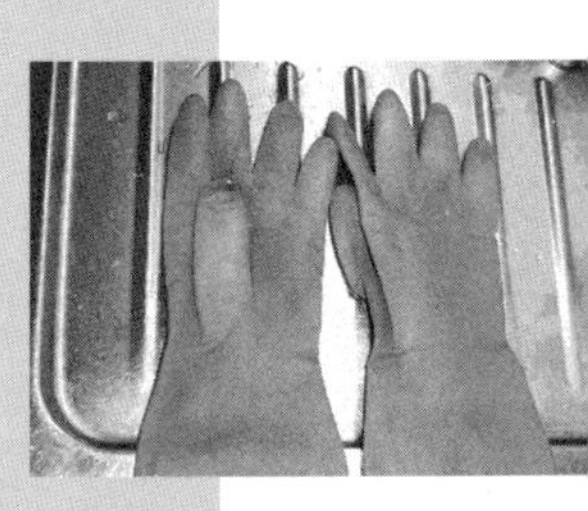

怎樣才算是一個好女人？定義女人的好，不少人從美德入手。才德的女子要順從夫君，家務要做得妥當，孩子要管教有方，總之要持家有道，個人野心並不會得到鼓勵。於是很多有能力的女子放棄了自己的夢想，努力學習犧牲自己，成全丈夫和孩子的需要，盡力去滿足別人的期望。

你可能會覺得那是舊時代的女人模式，然而堪稱走在前頭的女作家，也會感到矛盾。時間沒有變多、期望沒有減少，既想發揮所長、追尋理想，又要照顧家務瑣事，還剩餘多少心情和空間？有幾多人能接受女人背後的男人這稱謂，願做女人後盾、體諒女人而不失剛陽氣？

對於女性在婚姻角色中的矛盾，**王安憶**就曾精采地描寫，女性一到了婚姻，就成了男性沉重但又不可推卸的責任重負，愈獨立的女性就更愈是如此。無論未婚時如何互調角色和位置，透過婚姻成為一體後，各就各位，根本無法含糊通融。

林徽音是「番書女」，但仍不能逃脫傳統女性的責任，她筆下那逃不過婚姻的阿淑，自己既要發展理想，又不能不顧家務，每次都希望匆匆做完手頭的事，好去做更有意義和更能幫助別人的事，她是真正家庭與事業之間所存在矛盾的女作家。

緊守傳統女性角色的女人，面對的是家庭責任的掙扎；相對於開放的時代女子，顯出的卻是性自由的掙扎。性是女子忌諱的話題，**李昂**不怕去揭露性、暴力及政治這些被人視為骯髒的課題。

如果男人尋找的是有秩序的equilibrium，女人追求的是太極式的和諧，時常自我矛盾，但仍然不損完整，所以不要因女人自相矛盾而大驚小怪。

王安憶眼底下之女相

我在思想該怎樣形容王安憶：感性、美麗、有個性、有立場……，這通通都沒錯，但嫌浮誇，她應該不止如此。看她的作品《獨語》時，又好像驟眼看見西蒙波娃、維珍利亞和芙，從女性自身去反省處境種種。但這樣比較，又喪失了她在兩性關係中女性的跳脱。她的審美態度是固執的，文字帶有戲劇味道，是細心嚼字的恆心和功力的結晶，對表演藝術充滿熱情，尤其是舞蹈和電影，在認真批評的背後仍懷著熱愛。以為她精明絕頂，卻每每不介意流露小女子的心聲。我一向認為一個人的信念會在文章中浮現，而不同的情況往往背負著有迹可尋的共同信念和原則。

那號子聽起來自由自在，其實有著章法。否則怎麼解釋正漫無邊際時忽然一個彎子拐回來，戛然而止，或者正高無止境時又低迴慢轉下來。並且，仔細聽去，它是分著起承轉合的句式。因為每一起句都使人抱著期待，與奮而不安地等的那一句，這說明它還是有邏輯的，並且切合主題。

——〈姊妹們〉，《二〇〇〇年文庫當代中國文庫精讀》，頁十三

她的文字不正是朝向同樣的方向嗎？

王安憶，對我這一個讀者來說，有著水的力量，流動多變而且有力，一種湧溢的女性力量在文字中展現。看《處女島》，感到體內有一把火要爆發出來，是一種初生的喜悅和尋回自己的本質的單純，這書內容有瑪格麗特·杜拉斯《情人》一書的影子，男女雙方都在身體接觸上找尋希望和慰藉。女主角是個畫家，說得一口流利英語，與美國外交官戀愛，但對方說不適合和共產國家女子相愛，那會影響他的前途。她在陌生世界中跌碰摸索，以為可以找到希望之門，結果被人誤以為從事不道德行為，判以勞改。在勞動中她嘗到真正的安息，在觸及尚有母雞微溫的處女蛋時，找到了最實在的一刻。

而〈姊妹們〉是一篇饒有意味的文章，它介紹了一條較文明的村莊。村內一個個未婚女子都被稱為姊妹，姊妹各有風格氣質，但隨著年

齡達到嫁娶的時候，就要過渡到另一種生活。姊妹不再是姊妹，秀氣不再，變成媳婦。生活訓練她們成為母狼。

你看到那村莊裏頭走著的……嘴裏不乾不淨的媳婦們，千萬不要嫌棄她們，全都是叫日子改變的。她們拖著大小三個孩子，一都有些像母狼給小狼爭食……

——〈姊妹們〉，頁五十四

看這樣生動的形容，就知道她對女子存在處境的了解，能點出困局之所在。例如她談到丈夫酷愛攝影，但交作品給攝影班時，會避免交王安憶的照片，免得別人叫他「王安憶的丈夫」。男人背後的女人沒問題，但女人背後的男人嘛……

以往，我是很崇拜高倉健這樣的男性的，高大、堅毅、從來不笑，似乎承擔著一世界的苦難與責任。可是漸漸的，我對男性的理想愈來愈平凡了，我希望他能夠體諒女人，為女人負擔哪怕是洗一隻碗的渺小的勞動。

——《獨語》，頁一七五

談到以上那種小女人的期望時，不就反映獨立女性在兩性中難以擺脫的兩難局面？

事情一到婚姻，就恢復了原狀，女性依然是男性不可推卸的責任重負，愈是獨立自主的女性，這責任愈沉重……無論是如何自由地在男女關係中互換位置，到了婚姻面前就各回各位，無法含糊通融。

——《獨語》，頁二一八至二一九

姊妹們能不為她以上幾句拍案叫絕嗎？女性感情挺豐富，但能像王安憶那樣理性又雅緻地處理生命小事，然後悟出大道理，怎不叫人佩服？王安憶在她的作品不斷演變交替、整合經驗，是一種尋找美善本質的活動，女性正是這場運動的引航者。

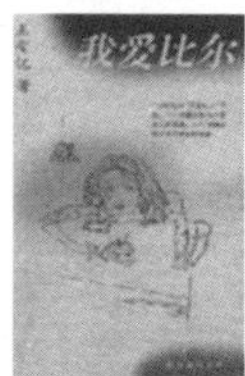

著有：

《荒山之戀》1988
《紀實和虛構》1993
《長恨歌》1996
《海上繁華夢》1996
《重建象牙塔》1997
《心靈世界》1997
《處女蛋》1998
《妹頭》2000
《弟兄們》2001
《富萍》2001

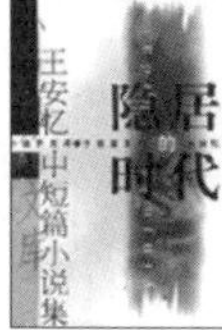

以信念併發光芒的女性——林徽音

有些人從小就有著一股懾人、不凡的氣質，只看一眼你就會不由自主地想再多看，那種令人依戀的味道，在林徽音身上，就能找到。由長髮到短髮，由林長民的女兒，到詩人徐志摩所依戀的對象，再到梁思成的妻子，她從沒有成為附屬品，林徽音就是林徽音，為免別人把她當作另一人，她索性把筆名改為林徽因。

她的聰慧、熱情和至情至性直教人傾倒，與男士辯論時，毫不膽怯，處處顯出言之有物，落落大方的新女性面貌。如果現在找來「鄭秀文」作新女性典範，林徽音正好代表了那個時代的新力量，十六歲已有機會跟父親到倫敦考察，因著父親的緣故，與很多大文豪見面，這些經歷奠定了她所走特殊的路。受到同學當建築師的父親所影響，林徽音對建築這門女性禁區的學科產生興趣，而建築更牽繫著她與梁思成的姻緣。十六歲也是一個充滿幻想的年紀，她在等待著浪漫的降臨，徐志摩

帶著詩跑進她的生命中，沒有人可以否定徐志摩在林心中的位置，在林為徐志摩所寫的悼念文章，可以看到林是何等著緊這位知心友。她很希望了解這位朋友，她很想看看徐志摩在康橋日記中如何描述與她一起的那些歲月。然而，那些日記卻無故被人剪去，氣得她寫了幾封長信，胡亂說著晦氣話，以作發洩。

二十歲那年，她與梁思成到美國賓夕法尼亞大學進修，入讀美術學院，及後更到耶魯大學戲劇學院學舞台美術設計。在一九二八年三月，林徽音時年二十四歲，下嫁梁思成，婚禮在加拿大渥太華中國駐加拿大總領事館中舉行，她更親自設計結婚禮服。學成後，兩人一同回國，為國家盡力，獻出他們的專長和歲月。

她常說作品最重要是誠實，所以無論她行事、行文，都真情流露，朋友都盛讚她熱情和願意了解別人，更常鼓勵別人。她不拘小節，不拘泥於繁文縟節，但並不抗拒傳統文化。試問有誰會想到一個穿著旗袍的少女，可以這樣自如地坐在鐘樓梁架上？她很清楚自己的目標，對生活有強烈的追求，極為著重情感的生活，深信惟有情使萬物變得有意思她享受每一次「感覺的小小旅行」，透過詩去分享她的心靈世界。

像她這樣在好背景下成長的人，本來應無遺憾，但她常覺自己不足，受自身身分限制，未能了解窗外貧苦大眾生活的真像，這種情懷盡顯於散文〈窗子以外〉一文中。追求體驗別人生活的此份誠意，或多或少解釋了她和思成為甚麼不介意走上清貧的學術生涯。

婚後一年，父親病逝，及後產下女兒再冰，而兒子從誡於一九三二年在北平出世。於一九三一年至一九三七年間，她走訪各城做建築研究工作。大戰開始，要四處流離逃避戰亂，多年奔波勞碌折騰著林徽音的身體，及後患上肺結核病，離世時僅五十一歲，留下來是她曾參與的計劃遺痕，如設計中華人民共和國的國徽和天安門人民英雄紀念碑等，她的墓碑也刻有類似人民英雄紀念碑的圖象。

雖然她是如此才思敏銳，脫俗不凡，但她也有很平凡的一面。即使是曾放洋留學的新女性，亦不能倖免於傳統女性的負擔。在小說〈九十九度中〉裏，她塑造了一個逃避不了婚姻是女性終極歸屬的阿淑，另外她也坦白道出日常家務如何影響了她追求理想的夢。

當我在做些家務瑣事的時候，總是覺得很悲哀，因為我冷落了某個地方某些我雖不認識但對於我卻更有意義和重要的人們。這樣我總是匆匆幹完手頭的活，以便回去同別人「談話」，並常常因為手上的活幹不完，或老是不斷增加而變得不耐煩。這樣我就總是心不在焉，心裏詛咒手頭的活（儘管我也可以從中取樂並且幹得非常出色）。另一方面，如果我真的在寫作或做類似的事，而同時意識到我正在忽視自己的家，便一點也不感到內疚。事實上我會覺得快樂和明智，因為做了更值得做的事——只有在我的孩子看來生了病或體重減輕時我才會感到不安，半夜醒來會想我這麼做究竟是對還是不對。

——《林徽音文集》，頁二九三

這段話深刻反映一個女性在家庭和事業之間的掙扎，與今天不少事業發展理想的女性所面對的掙扎其實也沒有兩樣，難道這真是女人的宿命？

林徽音

著有：

《九十九度中》1999
《林徽音建築文集》2000
《林徽音文集》2000

惹火女子——李昂

能躋身百科全書，這個女子殊不簡單。李昂，原名施淑端，一九五二年生於台灣鹿港，大學時代修讀哲學，及後赴美奧勒岡州立大學進修戲劇，並獲得碩士學位。她的筆鋒銳利、大膽，挑戰感官尺度，聞名著作《殺夫》就對文壇造成震撼。她愛寫男女情欲關係，性描寫和女性主義課題使她突圍而出。

以上這樣平鋪直敍的記錄，或者使你知道世界上有一個台灣女作家因為出位所以成名。但這樣就夠了嗎？她只是這樣嗎？李昂的文字世界正正挑戰這種看似客觀對人的記錄。在李昂筆下，人是跟時代、文化、地理連合演化，不斷整合經驗，探索新的可能。人之所以有趣，因為人生是多面的，有如戲劇，戲劇的本質就是在極短的時間，濃縮所有轉折面，推進激化矛盾，暴露最深沉的情感。

這裏，讓我作另一種論述，說說故事，因為李昂也是個說故事的

人，對她的評價或許不客觀，但正如她的作品一樣，真亦假時假亦真，有些真相真得太荒謬，有些假事假得太像真相，因此她可以寫自傳寫得像寫自己的遊記一樣，寫小說卻不忘在奇聞軼事中找藍本來寫《殺夫》，看似把握不到真像，這才叫人害怕，害怕但又被好奇心驅使追看。

用「李昂」這個名字，幾乎令人誤認她的性別。用了筆名，不用施淑端，免去了別人一看見她的名字，就想起她的兩位姊姊：施淑及施淑青，高中已能寫出女性內心深層的情欲渴望，在《花季》中，大膽道出在社化下一個少女對白馬王子的期望。再描繪如何利用想像去投射情欲渴望在花匠身上，更在想像中肆意挑逗。在《人間世》中，說著一個不懂世務的女孩子，如何無知地跟男人發生關係，被學校發現，結果被迫退學，她在當中細緻地描寫女孩子的心理變化和憂慮。女孩即使無知，父母和學校也當負上責任。在女孩的私人領域裏，涉及的不止她自己，還有她的男朋友、她的宿友、父母、學校，還有整個社會制度。李昂的文章就是有著這種野心，個人不能脫離羣眾和社會。羣眾和社會在模造著個人。她的生命也是在這樣的景況下被塑造，她的政治生活滲入她的寫作世界中。她愛台北又醜又亂，但歷史帶給台北一種獨特韻味，是總統府前廣場的抗爭，使她感到人、地和歷史結合的深層和多重意義，有人認為她的文章有懷舊的味道，但我更認為是一種有歷史感的氣味。正因如此，她可以看出某些上海作家寫都市小說的單薄。沒有歷史，文本就會失重。

她的文章經常牽起風波，例如《北港香爐人人插》，刺激起政客的神經；《殺夫》的暴力被評擊，能製造出話題，正是她獨到之處。

若論風格，她的文鋒銳利，很有戲劇節拍，沒有台式的文藝腔，有好些場面都會在讀者腦海中留下深刻的印象，她的作品《有曲線的娃娃》令我在遊歐洲的旅程中，對種種描繪乳房的藝術品大為敏感，深切反省自己是否也迷戀乳房。原以為乳房只是吸引男性，現在才發覺乳房與及經血都是女性自我最原始的呈現，乳房絕不是男性洩欲的工具，反而是女性自我追尋的索引。當面對女性深層的情欲和恐懼，繼而接納自己，才能從乳房的迷思中解脱出來。李昂就是有這本事鑽進你心窩深處，一層一層撕開不少每個女性羞於表達出來的情欲交纏，叫你面紅耳熱、心跳加速，卻不覺低俗。

至於《殺夫》，倒是非常血腥，至少在意境上感到隱藏的兩性政治和暴力，使我想到陳果的戲《香港有個荷里活》，同樣殺豬，同樣輕視女性，《殺夫》是一種象徵性的反抗，是對男性為主位的社會一種激烈的控訴。

用現代的方法形容，李昂是一位辣妹，她的文字爽而有勁，但不失細緻。文字中的她像說書人，記者訪問她卻見到愛玩愛吃的她，跳脫活潑，參與運動談起台北一片熱情，照片中的她流露著神祕的眼神，彷彿看穿很多事情，滿腦子世上光怪陸離的故事等著你與她一同參與和探索，沒興趣的話加入鬧鬧也無妨。這樣一個李昂，怎能不惹火？

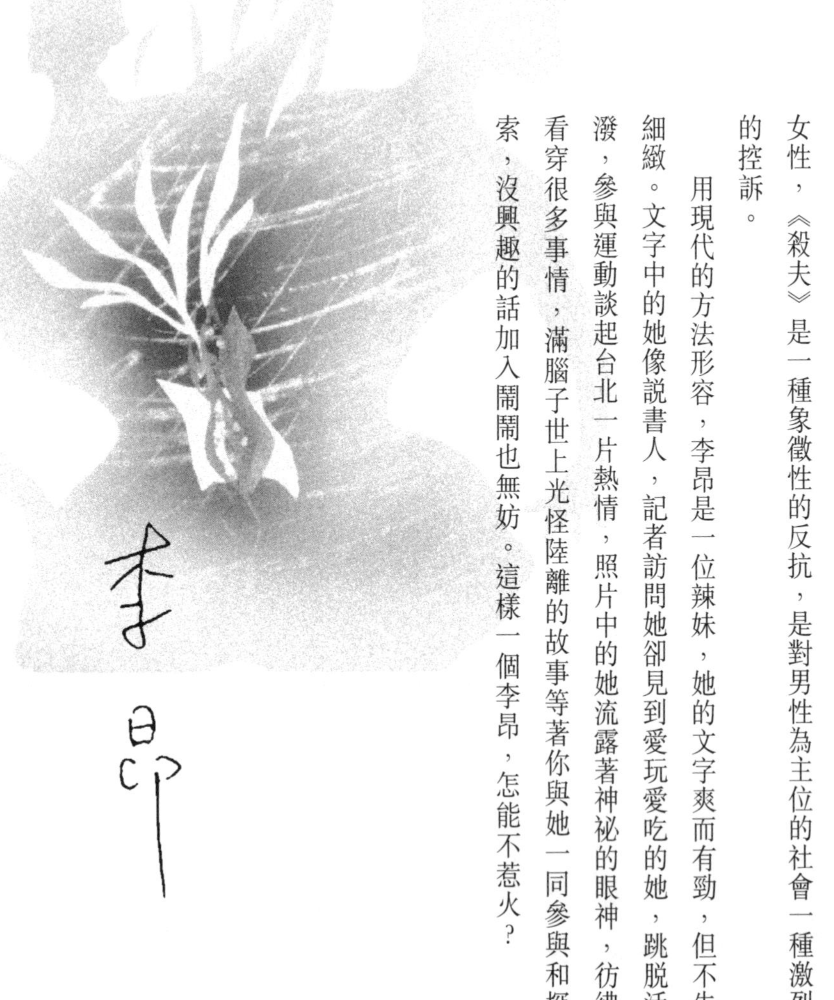

著有：

《人間世》1978
《殺夫》1984
《花季》1985
《女性的意見》1985
《她們的眼淚》1985
《暗夜》1985
《年華》1988
《北港香爐人人插》1997
《漂流之旅》2000
《自傳之小說》2000

李昂

Women and poWer

杏林子／龍應台／湯妮摩里森

女性的強，並不在於一般所謂的女強人表現，而是一份持守真實、美善的事的勇氣。

精神上我覺得自己是一個思想自由的女人，我想與我受的教育有關。父親是個寫作人，給我很大的思想自由，從來沒有將女人無才便是德的概念加諸我身上，反而一再鼓勵我成為一個獨立的人，而不是學做從屬的女子。從小到大，女孩子都被教導遵行很多規則。女孩子無形中都習慣了跟從，敢於破格的實屬少數。

因著社化，女人吸收了自我限制的框框。我認識的女子，不少對自己缺乏信心，同時自我創造一些框框困住自己。

女作家如**杏林子**並不因為患病而放棄自己，反過來更留力用心去幫助別人、鼓勵別人。

龍應台的強見於她的威嚴。理智的對話能力是龍應台的特長，她每每盡展對話這種女性與生俱來的本能。她眼界的廣與博令她不自我審查、限制，罵可以罵得很狠，道理還真是有根有據。她的國際視野，靈活的手段，女性的自覺，對中國傳統的懷抱和肯定，令她立在帶領台灣文化的前線。

湯妮摩里森不以自己是黑人女作家而看輕自己，她敢說出心中的想法，寫出女性的經驗。

如果從一開始就認定女人的「活動範圍」，沒有人敢突破，女性的聲音不過是失落的聲音。

女性的強，不是我們平常稱之為「女強人」那種意思，反之，是持守真實、美善的事的勇氣。

將愛留下——杏林子

不需要認識杏林子，也可以感受到這個名字的力量，就像德蘭修女、南丁格爾，或蘇恩佩的名字一樣，教人肅然起敬。杏林子的漂亮令我想起聖經中的以斯帖，在上帝的計劃中，她以向來被認為微小的女性力量，發揮超凡的精神，對抗疾病和死亡的威脅，並以愛去鼓動人心，進行關懷社會的行動。

這樣的一個好人，得到的結局卻出乎各人的預料，她甚至不是病死的，而是被新任的印傭因精神錯亂而毆打她，以致心室震顫而死。是那麼突然，可以估計的無助和驚恐，真難想像杏林子柔弱的身軀如何面對。可幸上帝一直給她一種俠客的性格和堅強，即使面對像約伯那種莫名奇妙的苦難，她的生命依然燃點著希望的燭光，燭光熄滅，留下的是賣火柴女孩燭光出現過的溫暖，讓其他孤苦需要援助的人被看見，提醒了人們關心傭工離鄉別井的精神需要。

只差一點點，再過二十多日她就迎接新一歲的來臨，卻先為世人帶來難以置信的新聞，認識和不認識她的人同樣感到錯愕，這樣死本來足以令人信心動搖，但她的家人因著上帝一次又一次的恩典，竟能得到信心的提升，認為杏林子要作的是轟烈的事，死也要像門徒殉道一樣。在追思文集中，大家看到的是杏林子的愛，不是杏林子的苦。在信望愛中，最大的還是愛。因為愛，所以可以放開讓杏林子回到天父的身邊，離別世上的苦痛。

謙卑、開朗、純真、有幽默感是杏林子展示的氣質，時常本著你快樂所以我快樂的心情。果敢、勇於承擔是杏林子呈現的剛強的一面。參與社會運動、為殘障謀求福利，她把身子也拋出去，在立法層面爭取，更在一九八二年成立伊甸殘障福利基金會，往後的稿費大都進貢給伊甸。

這女子不以自己的有限而自限，因類風濕性關節炎而學歷只達小學程度，仍不斷努力鞭策自己。當見到別人不盡力就放棄，她會急得哭出淚來。拿傑出青年，不過因為她從沒有自暴自棄。偶然的沮喪是有的，但信仰使她不停留在苦難中，可以心存感恩欣賞此時此刻的真善美，用孩子的眼望向永恆。她向著標竿直跑，要得那從上而來的賞賜。

她的生命像她寫的詩，簡單直接，很優美，讀她的詩跟讀她的人一樣，能洗滌人心，不得不感謝上帝讓世間有這樣願意付出自己的天使，看顧我們這些在地上迷失的羊羣。

主
求祢讓我們在匆匆的腳步中
仍能留下一點痕迹
有一日
當我們的腦波停止
求祢讓我們將智慧留下
我們不屈的意志留下
當我們的手臂低垂
求祢讓我們將經驗留下
我們披荊斬棘的勇氣留下
當我們的雙腿不再邁動
求祢讓我們將汗水留下
當我們的心臟不再躍動

當我們的肺腑不再吐納
我們的軀體一吋吋冷卻
主啊
求祢讓我們將愛留下

——摘自〈生命禱詞〉，見《重入紅塵》，頁六〇至六一

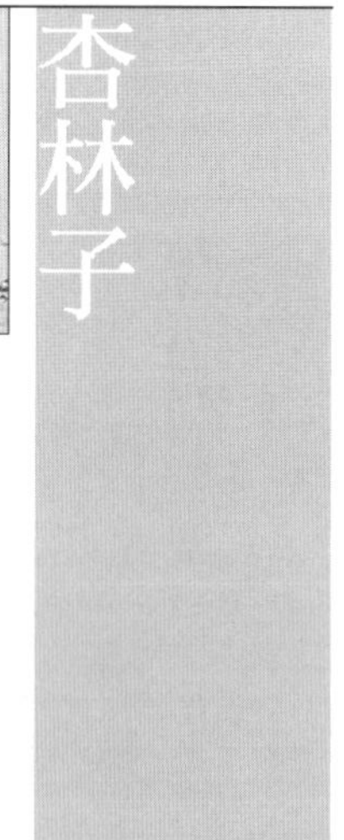

杏林子

著有：

《北極第一家》1980
《另一種愛情》1982
《感謝玫瑰有刺》1985
《重入紅塵》1985
《山水大地》1986
《行到水窮處》1986
《種種情懷》1986
《生之歌》1995
《在生命的渡口與你相遇》1999
《真情是一生的承諾》1999
《探索生命的深井》2000
《美麗人生22種寶典》2000
《尋找生命座標》2000

俠女龍應台擺下擂台

俠女龍應台擺下擂台廢話少説放馬過來，龍應台的快狠準彷彿是標記，她一出場，人們都期望她露一手。才出招，別人已擺好陣勢還擊。對反對聲音，她沒有潑婦罵街的還擊，也沒有歇斯底里的反抗，理智的對話顯示龍應台所發揮的女性另類力量，盡展溝通對話是女性的特長。與男性強勢評論世界相比，龍應台看透作為評論者所有的權力和以文筆作武器的危險，罕有地容許她的書中三分之一是她的文章，三分之二是其他人評論她的文章，建立評論交流的擂台，更不懼刊出不同見解的文章。

她批評，直接不手軟，她認為要敢言，是知識分子應存的良心，是對公義、和平的執著和對下一代的承擔。她的心是熱的，她評台灣最狠，談香港比較客氣；台灣是家，她責己以嚴，待人以寬。《野火集》燒旺台灣對社會責任及文化景觀的反省，她觀察並點出種種現象，充滿了傳媒人的觸覺，機靈慧黠，行文如山勢起伏，咄咄逼人。作為知識分子，對意識形態控制和權力，她充滿警覺。

人以為女人不談政治，她談，並且有見地，看她在《面對大海的時候》談民進黨，痛心疾首，對照現今台海局勢，立有頓悟。人以為女人見識少，她偏展現國際視野，同時肯定中國傳統。然而她也可以溫柔，她的小說集，透視女性自身的警覺，顯現身體與情欲的張力，思考性與愛與責任。

> 人都是孤島，……為甚麼女人必須比人更是孤島呢？……我得獨自面對肚子裏那一個人，世界如此遼闊，我必須獨自為這個人、這個除了我誰都看不見的人負責，還有我自己。我怎麼承擔得起？
>
> ——《銀色仙人掌》，頁一五三

作為女人，自願及非自願地在邊緣爭戰，在異鄉迷失，努力尋求解脫和出路。龍應台小說中的女人追逐身體的釋放及心靈的探險，而故事中的知識分子沒有因學說得到拯救，在高大空的理想世界中努力找尋路徑與現實世界接軌安身立命。從這角度來看，龍應台的小說世界正好反映她自己處理女知識分子身分的困惑。

龍應台熱十八年前、十八年後一樣熱烈，最大分別是她在此期間當官，出任台北市文化局局長。在野鬧可以很兇，在朝不免有所顧忌。然而，被納入建制，並未撲熄心中的火。她評香港西九龍發展計劃，見她為官理性訓練的功力。她有資格評論，因為她已參與實戰。在《野火集》別人看她評文化現象如〈幼稚園大學〉和〈中國人，你為甚麼不生氣〉，不介意附和，於是一紙風行，銷量更達二十萬冊。但在《面對大海的時候》，她沒能耐再談老問題，轉而集中談政治，台灣人就起了火。這樣一下子除了李昂之外，又多了一位惹火女子，她的名字叫龍應台，好一個遊走國際的惹火俠女。

著有：

《野火集》1985
《人在歐洲》1988
《寫給台灣的信》1992
《孩子你慢慢來》1994
《看世紀末向你走來》1994
《在海德堡墮入情網》1995
《我的不安》1997
《啊，上海男人》1998
《百年思索》1999
《面對大海的時候》2003
《銀色仙人掌》2003

諾貝爾文學獎的黑人女作家——湯妮摩里森

一個中國人拿到諾貝爾獎可以引來極多回響，一個黑人女人獲獎，所表達的又是怎樣的信息？

一個人的生命是否受制於膚色、生活環境，還是取決於對生命的態度呢？

湯妮摩里森生於美國俄亥俄的小型工業鎮，原本的名字叫Chloe Anthony Wofford，後改為Toni Morrison。有別於一般人對黑人的印象，她的家庭並不像媒體所形容的黑人家庭。她的父母培養她對文學的興趣，在一年級班中，她是惟一的黑人學生，並且很願意教導其他同學。父親勤奮工作、敬業樂業；母親常常到教堂，並且參與詩班。有著良好的家庭補給，她二十二歲就在華盛頓康活大學完成英文學士課程，及後得到康奈爾大學碩士名銜。

她從沒因自己是黑人而自我限制，這樣的開始與很多黑人的遭遇不

大一樣。

畢業後在南德薩斯大學教授英語初階，後再返回康活大學，正值民權運動，認識了很多民權分子。除了民權分子，她也遇到做建築師的丈夫(Harold Morrison)，婚後育有一子。結果不如意的婚姻生活使她決心投入文學世界，在寫作小組發揮創意。其中一次不經意的小習作更成為後來*The Bluest Eye*的初稿。到懷有第二個孩子的時候，她離開了丈夫、離開了工作，把兩個孩子帶回自己的老家。不過她與文字的緣分還沒結束，她到紐約投身編輯工作，除卻照顧孩子的時間外，她便寫作，及後相繼出任多所大學重要教席。她的小說獲獎無數，一九九三年更獲頒諾貝爾文學獎，使她成為第一位獲得諾貝爾文學獎的黑人女性。

摩里森雖然未曾親身述說黑人為奴的歷史，卻自覺地對民族有所承擔；在成長過程中，她開始體驗黑人與白人的對立的位置。種族反思呈現在她的作品中，從一個人的歷史喚起同一民族人羣的和聲，從家族歷史追溯個人命運，釋放或解脱取決於對過去的態度。穿梭時空，從現在、從過去、從將來去構造立體的論述，因此作品中很多時空交錯的烙印，讀來竟有馬奎斯作品的味道。她備受讚賞的*Beloved*，會令人想起《百年孤寂》，勾起那種神祕而又令人無言以對的感覺。她的作品也留著一份對新生命的期盼。摩里森曾說過她作品中的人物要忘記的正是歷史。*Beloved*的主角塞思為了掙脫為奴的恐懼，為了不想孩子成為奴僕，情願親手殺死自己的孩子，這個孩子沒有離開那間屋子，沒有離開塞思，甚至以重生的形式再次出現在塞思生命當中。惟有重新去體驗才可把歷史改寫，使過去的真正成為過去。

由於她是P. D. James的忠實讀者，不難發現她的作品或多或少帶點懸疑味道，很多地方刻意地用不同人的意識主導小說的方向，真相永遠立於幾丈之外，只可以透過每一個人物獨立的個體去窺視、感受真相。

對於讀者，摩里森也有要求。她寫，亦希望別人懂得看。那麼究竟一個諾貝爾得獎作家需要怎樣的讀者？

她不怕讀者批評她的作品，卻怕作品被當為睡前讀物，擱在牀邊。她希望人們不要只接受電視式的論述，要接受生命本來不是一條直線。她切望無名字的不再無名，在我們、你們、他們之中有你、我、他。

談文學，或許不需要高言大志、政治正確，更不必拘泥於甚麼是政治。文學的味道或許就在人與人的關愛中散發，在摩里森的筆下，我嗅到了。

湯妮摩里森

著有：

The Bluest Eye, 1970
Sula, 1973
Song of Solomon, 1977
Tar Baby, 1981
Beloved, 1987
Jazz, 1992
Playing in the Dark, 1992
The Dancing Mind, 1997
Paradise, 1998
The Big Box, 1999

Women and Obsession

蕭紅／珍妮萊斯／維珍利亞和芙／黃碧雲

沉溺的女性，通常都沉溺在情感中，無法自拔，急需告解。

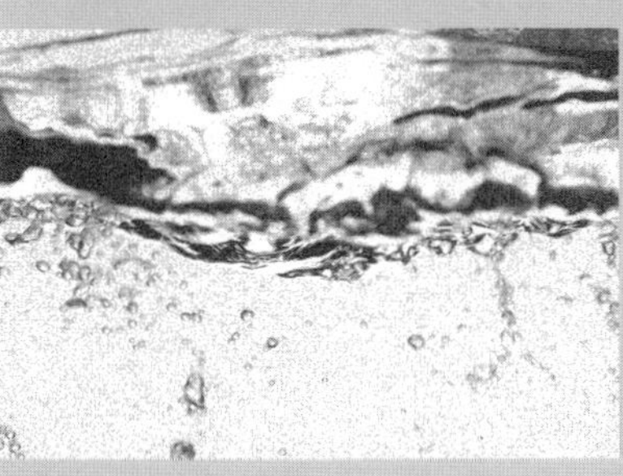

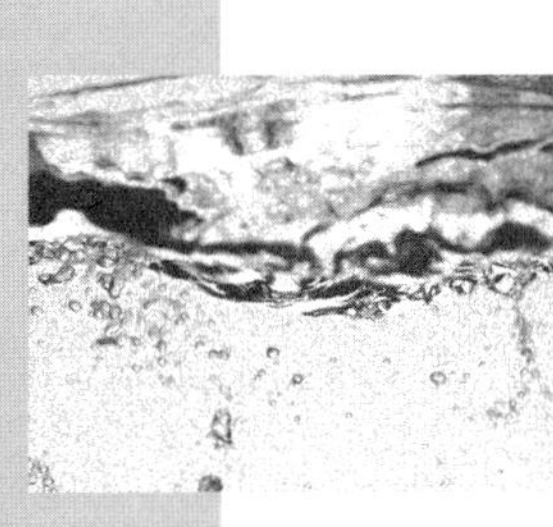

透過沉溺，內心深處的洞穴被揭示，如果男人擅長躲藏在洞穴中，女人便擅長鑽入洞穴，把埋藏的通通掘出來，女作家的沉溺本領也是同出一轍。

男人的沉溺以活動性質為主，攝影、打機、打波……女人的沉溺是感情活動。曾有一個心理研究指出，即使一個看似獨立的女人，看似不太切合社會對她們的認知，然而獨立女人對她們的異性伴侶，卻可能非常依賴，而依賴的方式可以是情感上，甚至金錢上。而女人並因此學習了「無助」。身邊周圍也不乏這些女人，好像沒有了性格一樣，依附在不同男人身上，然後被拋棄，再傷心欲絕，轉身還再墮另一情網。因為這些情海波折，女子的主體變得支離破碎、血肉模糊，本身的才能無法得到充分發揮，令人惋惜。

蕭紅就是一個令人嘆息的例子，一個口啣著雪茄的女人，蒼白的臉配以神經質的笑聲，雖然身手敏捷，卻逃不過被身邊的男人操縱。她的生命遇到波折重重，遇到的男人全在她身上找好處，一次一次地栽在彷如漩渦的關係中。**珍妮萊斯**的沉溺周期倒是蕭紅的對照版，她被人指為利用身邊的男人，得到自己所想要的名及利，非常樂意做其依附的角色，不能脫離從屬的關係。當然不是每個女人也有條件被照顧，萊斯正好是那種令男人一見就想照顧她的那種女人。相比蕭紅，萊斯終歸從沉溺中爬出來，第一位丈夫早逝，另外兩位丈夫被囚，初生兒子的猝死，她卻戲劇地透過失去、放手，帶來釋放和個體的實現。

維珍利亞和芙的沉溺，是真正肉體上的下沉。她袋中藏著石頭，走進河中，讓水把她淹蓋。她的瘋癲帶她到寫作的巔峯。她一方面書寫，倡議女人的獨立，甚至擁有一個屬於自己的空間，以至可以寫作及表達自己的想法。另一方面，她非常害怕面對自己，她在理智與瘋癲之間徘徊，在不能自制的情緒起伏困擾下，她選擇結束自己的生命，不讓自己在失控中沉溺越軌。

如果你仍不了解沉溺的感覺和味道，那麼**黃碧雲**的書可作你的嚮導，呼吸著血的暴力和水的溫柔，一層層一步步重複來回，直至未能逃脱，超然至靜默，徘徊於永生與滅亡之間。作者沉溺於罪的主題，讀者投入其中感受沉溺的閱讀感覺，相互流動彷如一場告解，說和聽的都有著深層的反省，黃碧雲用她女人溫柔的手揭開傷心，讓血的腥味喚醒沉睡的心靈和昏沉的耳朵，這個行動甚至近乎宗教性，或許有像受難曲的果效，懺悔可以是釋放，也可以是沉溺，但最重要是當中對罪的反省。

渴望拯救的蕭紅

先有亞當，再有夏娃。這樣的先後次序，再加上一句骨中之骨，肉中之肉，女人就接受了自己是從屬的角色。再強的女人，在感情事上可以一敗塗地，把自己糟蹋得面目全非，犧牲者的角色永遠留給女人，還要女人相信真善美是辛苦經營才可以得到。

蕭紅，一個口啣著雪茄的女人，蒼白的臉、敏捷的動作、神經質的笑聲，看似前衛進步，生命卻不由自主地被男人操縱，更可悲的是她沒有遇到好男人，最好那位恐怕是亦父亦師的魯迅。「英年早逝」、「百病纏身」、「遇人不淑」，所有不幸竟戲劇地集中在她身上，既沒有父母緣，也沒有子女緣，生命就似沒有線的風箏，難怪她帶病面對戰爭時，強要弟弟的朋友陪伴自己，不許別人離開她，因她缺乏安全感。從朋友的悼文中，可以估計她是一個挺麻煩的人，很難纏，但朋友依然愛她，因她有純潔美麗的心。

孩童的日子是她最快樂的時間，祖父教她學習詩書，在蕭紅的散文作品中，記下了很多與祖父相處的小事，文字世界開啟了這敏感熱情的靈魂，可惜她的父親是一個專橫的人，強行把她許配給呼蘭駐軍汪幫統之子汪殿甲，為了自由，她逃走。幾番波折後，被汪殿甲（父親原先命定的丈夫）誘騙同居，説會陪她到北平讀書，結果書可沒有讀，孩子卻懷了一個。讀書的希望泡湯，男人留下一堆債項和懷了身孕的她，逕自逃跑了，房東多番追收房租，更揚言賣她到妓院。蕭紅又餓又無助，身邊沒有認識、可依靠的人。她只有求助於當時「國際協報」的人。拯救者最終來了，那是蕭軍，蕭軍乘哈爾濱大水的機會把她接走。但這個拯救者能拯救她的生命，又能否拯救她的靈魂？他以強者的姿態進入她的生命，他眼中看見的是一個慘遭封建制度折磨的女人，突然他看見了她的美麗，愛上了她，用遇上革命般的熱情去愛她。

原本蕭紅還有一個很重要的女性陣地——生育。生育差不多是女性最獨立的一場戰爭，孩子是生下來，可惜卻因為太窮，眼巴巴看著別人拿走自己的孩子，那種一剎那的親密、一剎那的疏離都淡淡地記在她的散文裏。

戀愛總有快樂的時候，可是兩人的關係卻隨著蕭紅在文壇的地位提升而加闊了鴻溝，落入更不平等的關係中。男人這刻只覺得女人厭煩，對她拳打腳踢，蕭紅口裏不說，朋友看在眼裏，心中一陣酸，大家都不明白為何蕭紅可以忍受得了。後來，蕭軍愛上了另一個女人，在蕭紅的詩上清楚道出：為了逃避，她到日本留學，但結果還是回到自己的國家，因她實在愛這片土地。回來了，跟著另一個男人，這個也好不到哪裏，終日吊兒郎當，事事滿不在乎，在外惹事，反要蕭紅出來說項。若說蕭軍是大男人，他就是小男人，還以為自己很有藝術風範。為了他，蕭紅放下一切隨他去香港。後來太平洋的戰爭在香港爆發前夕，他竟藉辭拋下蕭紅給友人。這樣不負責的人，蕭紅竟然一股腦兒栽頭進去。

第二次所懷的是蕭軍的骨肉，孩子出世時，父親亦已離開了。這孩子只活了很短日子就死去。孩子的羸弱或許是從媽媽得來的，蕭紅身體很弱，頭時常痛，在生的日子大部分時間是忍受貧窮和飢餓，因此她的作品常以此為主題，她甚至在不少作品中以食物作形容詞，如像饅頭的眼，可見何等飢餓。然而，令她死的不是飢餓，而是肺結核和惡性氣管擴張。

三十一歲辭世，就好像將爆而沒有爆的煙花。別人對這位哈爾濱的女作家，滿抱期望，遺憾是未及突破《商市街》、《生死場》的成功，她已驟然離世。生命是流離失所，感情一再錯落，革命的熱情和滿腹的才華都不能填補生命中的缺失，情感的黑洞使她從一個囚籠跌入另一個囚籠。在悼文中，綠川英子這樣形容她：「進步作家的她，為甚麼另一方面又那麼比男性柔弱，一股腦兒被男性所支配呢？」這麼一句話，令我想起了很多……

蕭紅

著有：

《生死場》1935
《在東京》1937
《天空的點綴》1937
《記憶中的魯迅先生》1939
《呼蘭河傳》1940
《小城三月》1941

由肋骨到個體的自我發現——珍妮萊斯

常聽人說，寫作有治療的作用；在寫作過程中，與自己進行對話，重組生命的碎片。因此很多作者喜歡寫自傳，珍妮萊斯（Jean Rhys）就是其中一位。在*Smile Please*一書中，萊斯透過回憶，重述和道出一個女性的成長故事。倘若同時閱讀她其他著作，必會發現很多互相呼應之處。

作為一個女作家，她作品的主角是女性，內容中心圍繞著女性的所想所求。究竟生活在男性世界中，女性希望得到甚麼呢？是至死不渝的愛情？是忠心的侍候？是金錢的照顧？還是一份安全感？或只是一種寄託？

一八九四年出生的她，在多明尼加成長，父親是威爾斯裔（Welsh）醫生，母親是白種克里奥爾人（White Creole）[1]，因父親工作關係而留

在黑人為主的多明尼加這片殖民地上。幼時家境甚好，過著傭人前呼後擁的生活，可惜家道中落，十六歲被父親送到倫敦的姑母那裏居住。她對倫敦的印象不佳，遇到苛刻的包租婆及第一次知道淋熱水浴的奢侈。後來父親去世，她不但不回家，反而當上和唱女郎，到處表演。大戰時在飯堂當義工，又曾在救濟營辦事處工作。

在多明尼加的大宅內，圍繞她的是傭人、媽媽和媽媽的姊妹。到當和唱女郎和模特兒以後，所引來的卻是一羣男人，而萊斯正是那種令男人一見就想照顧，並急不及待想向她求婚的那種女人。第一段認真的關係，是被照顧的關係，萊斯縱然口裏不願意，但仍接受對方的恩惠。在她而言，一個女孩子在倫敦獨自生活，並不容易。

這苦衷亦見於*Voyage in the Dark*女主角身上，時常陷於不靠男人，難以生活的苦衷當中。在另一本著作 *After Leaving Mr. Mackenzie*（一九三〇）中提出，如果沒有男人，女人的生活會怎樣過？回看萊斯的生命歷程，不難發現她也有女主角類似的心靈掙扎。三十歲時，她身在巴黎，婚姻不如意驅使她開展寫作的生涯。在她的情人霍德(Ford Madox Ford)的鼓勵下，出版了第一本書*The Left Bank*（一九二七年），後相繼完成了幾本作品，可惜反應一般。她曾失蹤一段日子，當別人以為她死了時，她卻突然重投寫作事業。直到一九六六年，鋒芒始見於*Wide Sargasso Sea*，此書更奪得數個獎項。到晚年，撰寫自傳*Smile Please*，未及完成，以八十四歲高齡逝世。

*Wide Sargasso Sea*的主角是夏洛蒂·勃朗特的《簡愛》中，羅徹斯太太一角的延續。她今回不再只是別人的太太，無名無姓，只被視為瘋婦——她有著動人的名字Antoinette Cosway。與萊斯其他作品的主角不同，她不再甘於被男性精神控制，反以極度的沉靜和極度的瘋狂回應男性所施予的壓力。

流連於自我發現的旅程，一個如此需要男性照顧的女人——萊斯，她經歷一次又一次的感情失落：其中一位丈夫早逝，另外兩位丈夫因被囚而分離，兒子出生後三星期死去。放手、然後失去，卻戲劇性地換來釋放；醒來，不再是別人的一條肋骨，而是一個擁有自我的獨立個體。

我從來沒有想像過作家可以是這樣的，即使我無法明白這類型的女性，我仍然相信不同性格、類型的人存在，會使世界變得更加有趣。

註1：Creole：初期歐洲移民，有些更與當地非洲人通婚。

著有：

The Left Bank, 1927
Quarter，又名*Postures*, 1928
After Leaving Mr. Mackenzie, 1930
Voyage in the Dark, 1934
Good Morning, Midnight, 1939
Wide Sargasso Sea, 1966
Sleep it off Lady, 1976
Smile Please, 1979
Jean Rhys Letters: 1931~1966, 1984

活在瘋癲與理性之間——維珍利亞和芙

女人的熱情，很多時被認為是危險和非理性的；女人的敏感，又被認定是歇斯底里。偏偏在情感的高峯，卻暗藏無限越軌的創意。有才華的藝術家很多時都癲狂，並且因著太自覺和敏感，而不能找到平凡和不平凡的平衡點。維珍利亞和芙或許也是其中一位。

最初認識維珍利亞和芙，是透過 *A Room of One's Own*，那是我接觸到她的第一本書，非常欣賞和芙的風格，很自然、文字跟著作者的思路流轉，後來知道那叫意識流，結果喜歡上了；尤其那句「Women are hard on women」更叫我至今難忘，再細看她與凱瑟琳．曼斯菲爾既妒忌又互相欣賞的關係，更覺妙絕。我雖然知道她多次企圖自殺，卻不曾認真對待憂鬱症對她所帶來的傷害。直至有一天，我的朋友告訴我，和芙其實是個瘋子。

和芙可以算是生在知識分子的家庭，父親萊斯利．斯蒂芬曾任編輯，薄有名氣；和芙在七個兄弟姊妹中排行第三，有三個同母異父的兄姊，分別是喬治、斯特拉及杰拉爾德，兄弟姊妹各有才華。她與父親母親和兄弟姊妹的關係，極大程度塑造了和芙的性格和命運。

身體是人認識自我的重要部分，在和芙的童年回憶中，杰拉爾德曾抱擁和芙，並撫摸她的私處，那份羞憤一直潛伏在和芙心底，甚至令她害怕照鏡及面對自己的身體。

她的母親朱莉婭．斯蒂芬在和芙十三歲時因病逝世，享年四十九歲。那個暑假，和芙第一次經歷精神崩潰。在和芙眼中，母親是一個很典型的模範女性，人又漂亮，願意為家庭犧牲自己，對每個孩子都溫柔和順，是眾人的媽媽。和芙根本很少時間單獨接近她心愛的母親，思念母親的情懷一直沒有離開她，或許只有死亡才能使她和母親最貼近。

和芙的父親是一個認真的人，對和芙沒有太多內心的親近，被和芙形容為清教徒模樣的人，「no feelings for pictures; no ear for music; no sense of the sound of words」，迹近專橫。萊斯利．斯蒂芬晚年死於癌症，不久和芙便陷入第二次精神崩潰，接著以後，精神狀況時好時壞，她的丈夫倫納德．和芙一直不離不棄陪伴著她。

可以肯定，和芙與家人的關係，或多或少使她很自覺作為女性在父

權社會的身分。和芙算是很多產的作家，寫了很多散文，單在一九〇五年，她已發表了近三十篇書評和文章。至於創作小說，她也有不少作品，但她時常覺得自己寫得不夠好。作為一個女作家，她關心女性的處境，常被人邀請講說女人閱讀及寫作的經驗，不時鼓勵別人閱讀和寫作。她思辯敏捷，善用虛構的例子，不知不覺地令你信服。最叫人驚奇的是她靈感來的時候，情緒往往異常高漲，過後立時進入極度沉鬱之中。在寫作靈感飛揚時，常常感到死去的父母親在身邊。文章中所顯露的自信鋒芒，與和芙日記和書信中的「我」形成強烈對比，很難相信善於表達、喜與人溝通的和芙竟然時常覺得自己又老又難看，甚至膽小得無法面對而自殺。

和芙多次尋死，有人認為是她性格使然，亦有認為她害怕自己有回變得真正瘋癲，有人亦猜想她害怕戰爭而結束生命，然而真是這樣簡單嗎？沒有人會真正知道。*Between the Acts*成了她最後的作品，為了結束生命，她把石頭放在衣袋中，走進馬斯河，三星期後被一羣孩童發現。Between two emotional extremes，她疲倦地說聲再見。

著有：

The Voyage Out, 1915
Two Stories, 1917
Kew Gardens, 1919
Night and Day, 1919
Monday or Tuesday, 1921
Jacob's Room, 1922
Mr. Bennett and Mrs. Brown, 1923
The Common Reader,1925
Mrs. Dalloway, 1925
To the Lighthouse, 1927
Orlando, 1928
A Room of One's Own, 1929
The Waves, 1931
Flush, 1933
The Years, 1937
Three Guineas, 1938
Roger Fry, 1940
Between the Acts, 1941

維珍利亞和芙

第三身經驗黃碧雲

（但）生活就是在完整與沒有之間，徘徊掙扎，從而妥協。所以活著多麼難。

——《後殖民誌》，頁一六一

Why compromise? Not about winning, not about losing, but being.

對付過去的方法是：成為過去。現在就是從前。從前就因此失去了魔咒。回到當初與從前，打破時間。「後」的意思，竟然就是一個新的從前。

——《後殖民誌》，頁二四八

Re-live the past, could we?

我懷著恐懼寫這篇文章，有關她——黃碧雲。在疑惑之年，我看她寫，心如火燒；在醒覺之年，我閱她書，出世之眼目，其後回憶、歷

史，花開花謝如玫瑰，是香港，不是……是自己，以至於生以至於死，再想哲學，再想存在，沉淪祈求救贖，伸手卻未能跪下，對話卻似無聲獨語，誰也救不了誰，誰又以為誰高過誰，都不過如此這般，我們如此很好，有無憂、有葉細細、有趙眉，熟悉又陌生，獨特而不過另一個角色。不是Vincent，不是阿Belle，不是馮程程，不是許文強，是庸俗的生活，但確實是自己，在絲絲細細的糾纏，眼看身陷七宗罪，自私在蠶食愛，在孤單中渴求安定之所。

離別以後，呼吸到自己的軟弱，潛藏在內最深的感情，以血、以暴力、以嘔吐呈現，身不由己，無法去愛，卻不至宣告神的不存在，只是在血和汗中繼續尋索出路。在過程中以死求生，赫然發現同路人不見了，欲說卻無人聽見。人們埋怨咆哮，卻不願意聽，像習慣了戰爭的人，忘記了渴望的其實是和平。只有理解戰爭，才懂珍惜和平，不會空洞喊叫人權。

黃碧雲的小說很難讀，故意地不確定、猶疑，是黃碧雲的立場、決定、意志和定位，正如她說：「是好的、第三世界的、是曖昧不定的創世」（《後殖民誌》，頁二八〇）。她要寫的是新天新地，混沌到分明。由阿婆的口述歷史釋放女性歷史，以佛林明高打開身體，自主展示。擺脫溫柔與暴力的 dilemma（兩難之境），從舞蹈達到「靜包著動，從強理解柔軟」（《後殖民誌》，頁二四三）。

《後殖民誌》是總結，她蛻變化蝶飛揚，作為女性，不用逞強、不再扮弱、不用裝假、不需對抗、不介意不中不西，是他者遊歷在域外，自在又安息。寫的是她情感的紀錄、是救贖、親近自己親近讀者，感受各自的細弱，然後分享，各自再去前進承擔。第三性、第三世界、第三角度，然後是廣闊是寬容，不再是非黑即白、非友即敵，是和平。她可以坦蕩蕩談自己的道德抉擇，她甚至可以承認自己是存在主義者，她問：

愛是甚麼？
和平是甚麼？救贖是甚麼？
誰知道終極答案……

惟一可知的是作者在問號中上路，我們又如何？

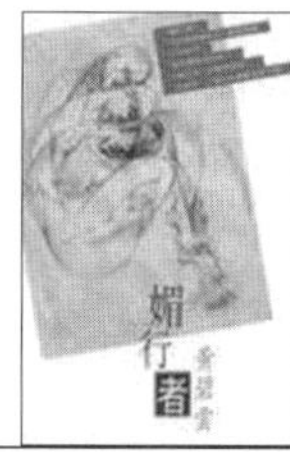

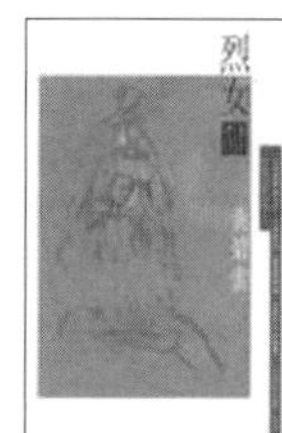

著有：

《揚眉女子》1987
《其後》1991
《她是女子我也是女子》1994
《溫柔與暴烈》1994
《突然我記起你的臉》1998
《烈女圖》1999
《媚行者》2000
《七種靜默》2000
《無愛紀》2001
《血卡門》2002
《後殖民誌》2003
《沉默。暗啞。微小》2004

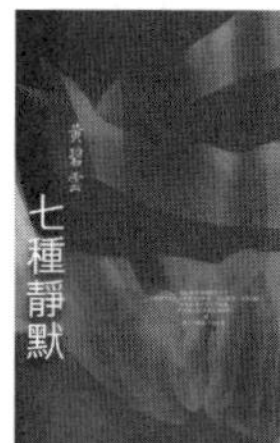

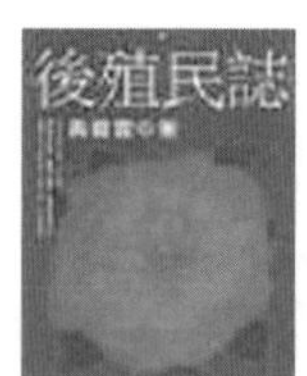

黃碧雲外篇

惡可以很溫柔：《七種靜默》對惡的詮釋

上帝之罪，在靜默無言。
如果有七宗罪，上帝就有七種靜默。
人在上帝的靜默之中惘惘爬行。

看電影《七宗罪》時，很震憾。或許正如劇中殺人者所說，城市人的心冰硬，只有殘酷暴力迭現，讓人活在惶恐之中間，他們才能感悟，醒覺人與人之間的愛和共感。閱讀《七種靜默》有點像自我虐待，書中盡揭示人性的灰暗無情。更令人心寒的是，在極端暴力之中滲透著溫柔。此外，作者善用強弱、冷暖對立，意象深遠，好幾回看得我心頭打顫。

讓我舉個例子。主角方玉樹因生意起跌的打擊，日益橫蠻無理，無端解雇司機小劉；小劉「一拳朝著他的鼻子打去。他感到鼻骨的柔軟和血的溫柔」。暴力和溫柔在同一刻化成一體。

小說中不少類似的場景，教人分不出甚麼是溫柔，甚麼是暴烈。溫柔和暴烈的兩極情緒是黃碧雲文字世界的主要元素，反映人的多面及複雜。

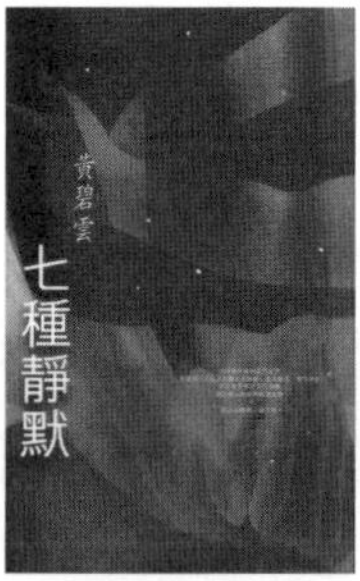

小說中的人物外表平凡、職業普通，表面道貌岸然，然而，他們心中的妒忌、邪惡及驕傲都在黃碧雲細膩的筆觸下浮現無遺。黃碧雲很敏銳，對人性洞察力強，只是她的世界很灰，灰得近乎殘酷，直把人的面具無情地撕裂。她創造的角色都在掙扎著，生存對他們是折磨，但死不見得更好。透過各種角色透視自己的人生及世界觀，讀者不難在字裏行間發現她對生命的咆哮。她的文章能引發我們思想人生，有深度，不流於膚淺。她提供的角度，有助我們了解「存在」這課題及其困惑。

「罪」是此書重點。基督教常談到罪，但對罪的本質是否了解、究竟是口口聲聲認罪，卻不明白罪的可怖性？還是真知道罪的嚴重性而懊悔呢？這樣看來，天主教的告解未嘗不是一個給人認罪思過的好方式。

《七種靜默》讓我們思考更多關於人的罪性及人存在的問題，我想基督徒絕對反思良多。

Women and Perfection

朱天文／楊絳／小思

能看到完美而讚嘆，不為不完美而過分挑剔，生活會有更多的滿足，亦可能成為更多人的祝福。

怎樣的人、怎樣的生活才算完美？難道好像那個黑啤廣告，有成就、有車、有錢、有女人？女人所求的或許不一樣，可能是甜蜜的愛情，出身好家庭，受好的教育，嫁個好丈夫，奉獻自己服事人羣。一直以來，女人的成長背景是惹人關注的，大家閨秀、小家碧玉不正在反映家庭對女子的影響，反而男子則英雄莫問出處。

完美既難得，也招人妒忌，完美的人每每令人悶得沒話題。人們渴望完美，接著又詛咒完美，看著天使墮落，喜見所謂完美的人，與自己一樣淪落凡間。

常言女人善妒，究竟是甚麼意思？是女人貪心，硬是覺得別人有的比自己好？是女人不妒，男人不愛，所以女人學會妒忌去使男人自滿驕傲？不管怎樣，我決定嘗試一下做一個大方的女人，談談幾個令我羡慕和妒忌的女作家。

朱天文是有能力又幸運的一位，文學世家背景造就了她的修養，幼時已可以結識張愛玲、三毛等作家，寫作有家人的支持，又有獎項認同，寫的劇本可以賣錢，在女作家中，她的起步著實令人羨慕。

然而再進一步，倘若身邊有個愛自己、可以精神上交流、生活上互相尊敬、互相扶助的伴侶，還有孩子參與的美滿家庭，不是更理想嗎？誰不妒忌擁有近乎完美的**楊絳**，「我們仨」的生活平實而美好，錢鍾書和她畢竟是文壇佳話，楊絳既有事業，又有家庭，雖然有少許生活磨難。總體來說，足夠令其他身陷感情網羅的才學女子心存羨慕。

當然女人不只為愛情和家庭而活，為理想做有意義的事，也是一種完美。作育英才的**小思**做著自己喜愛的研究，寫自己想寫的書，不也在實踐女性能享受的自由嗎？能夠擁抱、實踐生命影響生命，安身立命，對世事變幻處之泰然，找到屬於自己的空間，怎不叫一眾活在矛盾中的女人看她為出路？

談完美，其實不易，人們對完美往往抱懷疑的態度，我必須承認所謂完美的人也有不完美的時候，能看到完美而讚嘆，不為不完美而過分挑剔，生活會有更多的滿足，亦可能成為更多人的祝福。假如上述文字出賣了我，透出了醋意，那麼請原諒我不過是追求完美的女人，所以才會妒忌。

頂住遺忘——朱天文及其作品

「三」這個數字既玄妙又神祕，人們往往為了一門三傑而驚訝，夏洛蒂．勃朗特、埃米莉．勃朗特、安妮．勃朗特；宋慶齡、宋美齡、宋藹齡；再有朱天心、朱天文、朱天衣加入締造這個神話，這還不得了，姊妹尚且要創「三三集刊」，組一個「三三書坊」。在文學世家長大，童年回憶留著父母伏案執筆的影子，見的叔叔姨姨是張愛玲、胡蘭成、三毛。最好的文化土壤孕育出三位性格不同，卻酷愛寫作的千金。在三姊妹共同努力的著作《下午茶話題》，處處顯出三個現代女性各懷心事，亦充分表現維珍利亞和芙所指，女性不需要害怕寫出來的東西會被男士看為瑣碎。

三姊妹中，編委會選中了朱天文，一個十六歲開始寫小說的女作家，要我介紹介紹。從作品來看，天心的作品也不少，更有新書出版。相反，朱天文的書算是很難找，即使在台灣書店羣中也只能找到數本。

歸根結底，可能是因為天文受人歡迎的作品多是劇本，《小畢的故事》、《冬冬的假期》、《童年往事》、《悲情城市》、《戀戀風塵》、《海上花》。寫這麼多劇本，連天文父母也怕這個女兒不再寫小說。天文不諱言寫劇本是為錢，一個劇本遇上一個有名氣的導演，換來是一年的生活費，文人也要吃飯，就是這樣簡單。可是當我再三在她文字世界中蹓躂，反芻別人對她的評價，我卻認為她寫小說是還債，寫劇本是命定。

在《花憶前身》中，記著「寫完《荒人手記》我跟天心說，是對胡爺的悲願已了，自由了」。《荒人手記》是一種釋放，對老師胡蘭成的一個交代，她用心鋪排，刺激人的七情六欲，綻放細膩又溫婉的美感。一個女性作家試著鑽進一個同性戀者內心世界剖開再縫合，當中主角不斷反省著與童年密友的愛欲關係，想到反叛，想到青春的流逝，回憶餘下是好友母親所泡的日本茶香。

《荒人手記》給朱天文贏取了第一屆時報文學百萬小說獎第一名，地位是肯定了，卻未必人人認為好，有人覺得太造作、太愛拋書包、太喃嘸，這些弱點可能是故意的，是朱天文對胡蘭成和李維史陀的調合，對傳說、符號、文化、歷史、人類發展的再探索，花巧得令人目眩。這作品是「祭品」，用來擋去外來的挑戰，就如〈日神的後裔〉中安潔以女兒松松當「祭品」供奉出來，拿出來去打發男人的追求。既然是獻給老師，老師在作品中一定有影子。不單只是文學技巧承師所啟蒙，難道題材不過是信手拈來麼？這樣一個具爭議性的師傅，朱天文會不知嗎？胡蘭成，一個才子，配上張愛玲，卻是汪精衞的手下，難聽一點說就是漢奸。南方朔在《世紀末抒情》中說過，「縱使還是發生了背叛，它也只能在感情的縫隙裏，成為祕密的回憶和悼念」（頁九十八）。究竟背叛是指向老師，還是指向朱天文自己，或許需要更多的研究。事實上，《荒人手記》的主角雖然越界，但不想失去自己，面對紛亂變化的世界和道德的掙扎，尋找一個可立足之處。

由於朱天文有基督教信仰背景，聖經的章節穿插文章中，在《花憶前身》中，她更提到與胡蘭成同上教會的經歷。《荒人手記》裏更一再提到耶穌的象徵。作為基督徒的知識分子，又不避嫌疑談論傅柯、叔本華、李維史陀、沙特等等。城市與鄉村，燦爛與樸素，青春與年華飛逝，基督教與新知識，反映了朱天文成長的兩極背景，矛盾使她的文章更有活力、更有戲味，寫劇本似乎是免不了的。

而《世紀末的華麗》回響著女性在古代神話中掌權的神話，以「嗅覺記憶活著」的女人在後現代城市中活得如魚得水。雖然常寫女人，但天文不想自己被定為女性主義者，她只承認用的是女性敍事觀點。在她的作品中，我們看一個女人的成長，亦靜待她繼續蛻變。

著有：

小說類

《傳說》1981
《最想念的季節》1984
《炎夏之都》1987
《世紀末的華麗》1990
《荒人手記》1994
《花憶前身》1996
《喬太守新記》1997

散文類

《淡江記》1979
《三姊妹》1985
《下午茶話題》1992

劇本及電影筆記

《戀戀風塵》1987
《悲情城市》1989
《朱天文電影小說》1991
《好男好女》1995
《極上之夢——海上花電影全紀錄》1998
《千禧曼波——電影原著中英文劇本》2001

電影創作

《小畢的故事》1983
《風櫃來的人》1983
《冬冬的假期》1984
《童年往事》1985
《戀戀風塵》1986
《尼羅河女兒》1987
《外婆家的暑假》1988
《悲情城市》1988
《戲夢人生》1991
《好男好女》1995
《海上花》1999
《千禧曼波》2001

細說楊絳：當才女遇上才子

父親一次問我：「阿季，三天不讓你看書，你怎麼樣？」我說：「不好過。」「一星期不讓你看書呢？」我說：「一星期都白活了。」

——《將飲茶》，頁四十八

「一星期都白活了。」是一句多麼豪氣的說話，竟出自一個女子的口。這小妮子長大後成了錢鍾書的妻子，她的名字叫楊絳。直覺上愛看書的女孩子較少，像楊絳般嗜書如命的就更少。以經營書店以來所見，顧客多是男性，即使我多麼想為女性申辯，也不得不承認看比較「硬淨」書類的女子並不多。當然坊間流行的愛情小說，還是有很多女讀者。

認真做學問，彷彿是女性的禁區。我也分不清是否如維珍利亞和芙所言，是別人立下禁區阻止女子進入，抑或其實女子自限，貿然放棄學術世界廣闊的空間。曾看《時代論壇》一篇論到香港翻譯聖經的水平的文章，筆者慨嘆很難找到女翻譯專才。可幸我們有楊絳這樣的翻譯家、劇作家、散文家為女子提提士氣。

楊絳這女子最使我驚訝的地方，不單是才女竟能遇上才子並結成佳偶(至少表面上恩愛非常，雖然楊絳時常寫有關丈夫變心的故事，真不敢說是不是若有所指)，更使人動容的是她的眼光和識見。錢鍾書辭世，少他一歲的楊絳埋首整理丈夫手稿，更決定把以後的版稅贈予清華大學圖書館，以曾祖母的年紀翻譯柏拉圖的《斐多》。如斯魄力，令後輩佩服。

楊絳家境不俗，無論物質上或精神上，父母都給她豐富的餵養，與父母的親近使她成為樂觀和善的人。在人生旅途上，即使遇上如文革被揪的苦，也每每可以掏出不尋常的勇氣去承載憂傷。因此，在《幹校六記》中，沒有透出太多苦澀。她在精神上釋放自己，從困鎖中掙著自由。她天資聰穎，曾得美國韋爾斯利女子大學獎學金，她卻放棄出國的機會，選了清華大學文學系，在那裏遇上錢鍾書，及後一起出國留學，並成為錢鍾書最親密的讀者，分享丈夫創作旅途的心路歷程。

「才女」這名詞，近年被用得很濫，漸漸失卻了那種超脫的韻味。

不過楊絳過人的氣質著實吸引了不少裙下之臣，連氣傲的錢鍾書也為她傾倒。楊絳愛「才」，可能有家庭因素，連她自己也戲言，是從一個才子（常自嘲是窮人、擁有書生風骨的律師父親）之家嫁到另一個才子（錢鍾書）之家。

常言「識英雄重英雄」，才女又是如何看其他才女呢？她的三姑母楊蔭榆也算才女，曾任北京女子師範大學校長，年輕時被強行許配給傻子，後來不甘心被封建家庭限制，毅然離開夫家，留學後回國執教鞭。在《將飲茶》中，楊絳對此「女強人」三姑母有如此評價：

> 可是據我所見，她掙脫了封建家庭的桎梏，就不屑做甚麼賢妻良母。她好像忘了自己是女人，對戀愛和結婚全不在念。她跳出家庭，就一直投身社會，指望有所作為。她留學回國，做了女師大校長，大約也自信能有所作為。可是她多年在國外埋頭苦讀，沒看見國內的革命潮流……她也沒有看清自己的地位。
>
> ——《將飲茶》，頁九十一

由此可見，楊絳眼中的女人，始終不能脫去戀愛、結婚、家庭而

「為所欲為」，否則她就是沒有看清楚自己女性的角色和位置。當然比起其他才女，楊絳能遇上愛她、尊重她才華的才子，這可不是每個才女都能得到的，這點我深信楊絳非常清楚。

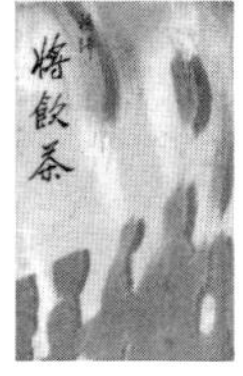

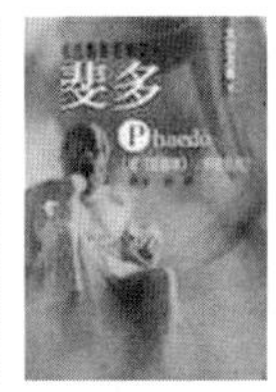

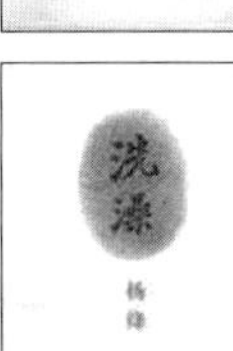

楊絳

著有：

《洗澡》
《風絮》
《春泥集》
《將飲茶》
《弄假成真》
《稱心如意》
《初為人妻》
《幹校六記》

小思老師，您好！

有些作家給人很強烈的印象，小思（盧瑋鑾）就是其中一位，看她的作品好像在聽老師的循循善誘，她確曾任教香港中文大學，雖然現已退休。她雖不古板，但還是讓人覺得對她要尊尊敬敬，就算不認識她本人，都會認定她是好人：好得有原則；好得有承擔。

她給人一種很老香港的感覺，對香港的情，對祖國的熱愛更是不由分說。不覺濫情，但見熱血，中國文學根底孕育清雅的氣質，有文人不服庸於世務、醉情山水的痴，文學的靈魂滲注其生命，時常懷著赤子之心，對世界萬事好學好問，滿懷著感恩之心。對歷史一絲不苟，緊引為鑑。因此歷史令她傷懷，但不阻她努力不懈尋根，找那最原始的美。對世界，有時不免過分敏感和緊張。她可以在飲宴中途，已先預備零錢坐車；坐在露天地方進食，又怕突然下雨。

她較早期的文章像範文，是可以做課文分析的那種。

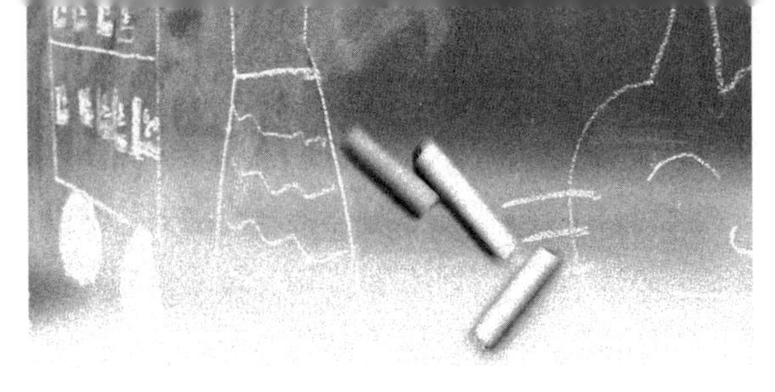

窗外，雨停住了。開山、打地基的工人正忙著，機器轟轟作響。風把用來遮雨趕工程的膠布，吹得有氣無力地搖晃。是秋風麼？隔著玻璃窗，誰知道？很好的空氣調節，室內沒夏沒冬，更不要說春秋了。

——《今夜星光燦爛》，頁一一五

最厲害的是真有人從公共圖書館借她的作品來「閒書」，還把解釋寫在旁邊。看《香港故事》一書，有香港電台節目的味道。小思近年的文章有很重的報紙副刊專欄的味道，談及閒適之道。談談喝茶、看書、上咖啡館、行書店，參加主題旅行團。較突破的選材是打機，還破天荒寫了一篇傳神的口語化文章，算是破格之作。一篇散文〈書緣〉中記小思在別人遺棄的垃圾堆中如獲至寶，尋到舊書刊，追索棄書者背景的種種。她寫書評論，不強作客觀，寫《中國學生周報》，先坦露她與周報的深厚淵源。但論到整理香港文學史，她能客觀承認不足，勇於嘗試，知己所限。她說做書評，重要是大膽持平，不畏首畏尾怕得罪別人。

她看書熱情投入，跟西西坐飛氈看世界人之種種，享受李碧華回歸前坐電車遊香港浪漫之旅。同樣寫香港，我覺得西西是雜飲，千變萬化；陳慧是糖水，在記憶裏找甜；小思是茶，內蘊又甘香，而她的茶絕不會令人失眠。看她的作品，不會看得血脈沸騰，只會感到一陣暖意。

研究學術的路，是孤獨的，但這女子獨行慣了，能處之泰然，安身立命。她在老師的身分上盡忠，就結出很多果子，使她的後來者深受感動，盡心教學，當中有一位成了我欣賞的老師，正如盧老師所說：那就是生命影響生命。

小思

著有：

《路上談》1979
《日影行》1982
《三人行》1983
《不遷》1985
《承教小記》1986
《今夜星光燦爛》1990
《人間清月》1993
《追跡香港文學》1998
《夜讀閃念》2002
《香港家書》2002
《香港故事》2002

Women and Worldliness

張愛玲／安妮弗蘭克／李碧華／
亦舒／陳丹燕

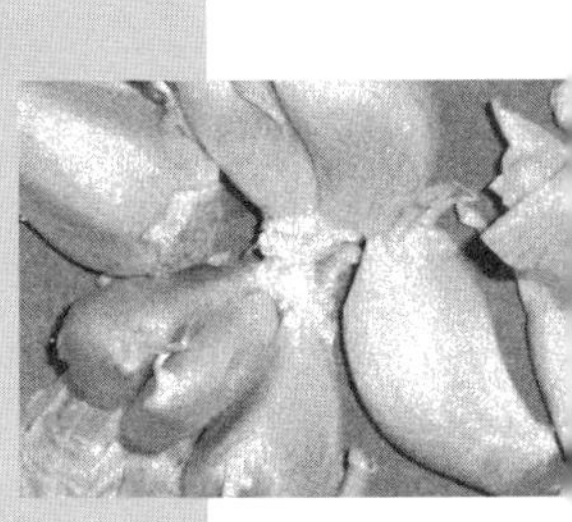

我看女作家，我看女作家看女作家，是重疊和互動，一種三角關係。我看王安憶，王安憶看**張愛玲**，她如此説：「如今有不少作者被張愛玲吸引，學習她描寫瑣細事物的耐心和興趣，表示著對人生和生活的喜悦心情，可這喜悦是簡單的喜悦，説不出多少大根據的喜悦，所以就變得有些家庭婦女式，婆婆媽媽的。而張愛玲的喜悦，則是有著一個大虛無的世界觀作著無底之底……」

談細碎的生活可以很庸俗，極像那種所謂老婆及阿媽會講的婆婆媽媽説話，庸俗但真實。維珍利亞和芙也鼓勵女人不要以為瑣碎而不寫。問題是有甚麼能令庸俗瑣碎的事顯得偉大，王安憶覺得是張愛玲的大虛無世界觀顯出人在歷史中的單薄和蒼涼，王安憶似乎認為張愛玲做得不夠徹底，每當快到深淵底，到達重大的情感狀態時，張總是躍身而過。

一方面可以看作是逃避，另一方面可能面對沉重歷史，蟻民可以苟且生存的智慧。用幽默的眼光去生活，或者是亂世時人們可找到的慰藉，**安妮弗蘭克**用了這種心情去寫日記，她喜歡細意描繪各人的性情、習慣、起居小事，每日的生活瑣碎延續了她對世界的期望。

張愛玲用出世眼光看入世的事，安妮弗蘭克有戰爭做後盾，**李碧華**用通俗的題材配以特殊歷史政治場景，使阿婆的感情故事分外動人。她有火，通俗而不掩飾，處處顯露自己的立場和慧眼。

亦舒是香港通俗愛情小說的皇后，再轟烈的愛情在亦舒筆下都留有一種抽離、閒適的生活態度，使俗不可耐的愛情方程式依然吸引著讀者，亦舒的故事有香港地域的特殊性。張愛玲的故事背景有香港和上海，香港和上海有都市特色，在人與人密集，物質主導的地方，人性素質備受挑戰，**陳丹燕**活在上海，卻不致沾上俗氣，童話是她拯救之途，使她有夢，令平凡事情得到超越提升。

能夠把通俗瑣事變得高雅，在乎角度與態度。

記憶與遺忘——張愛玲

回憶總在遺忘以先，當畫面徐徐流逝，記憶總是前所未有的深刻。在回憶裏面，沉澱著被遺忘的悲哀，因為不可挽回的過去，所以哀愁。

張愛玲是一個哀愁浪漫的人物，她留給大眾的記憶是一堆感嘆，時代的流逝，人的不由自主，幾陣的觸動，幾秒的心跳，記錄著幾曾遺忘的回憶。有人在陳述，但沒有人能解釋為何山盟海誓如此輕薄，時間容讓許多的錯摸，《半生緣》的男男女女離離合合見證時間弄人。

以前我總以為張是不食人間煙火的才女，到後來看她的散文，才真切確認她也不過是凡人；凡人要起居飲食，對食對衣服她特別著意，可見她是精心細意的女人，對食物有要求，對時裝有見解，是知情識趣，有學識敢自嘲，一個熟讀《紅樓夢》，也通曉西方文學的摩登女性。她的思想越過了當時人們的眼界角度，她的形像和文筆建立了一種獨特風格，成了被迷戀的對象。

時間不等人，人在不斷調節自己適應時間。在大時代，即使多亂，人們還是要生活，生活仍然要講究，那是一種追求真善美的執著，做一道菜，穿一件衣服，原則沒有改變。在《秧歌》中，吃粥或吃飯或吃大餐成了老百姓心理掙扎的中心，連吃的自由也沒有，生活就是真正的淪陷。

與胡蘭成的關係，是張愛玲生命中最食人間煙火的部分，為世所不容，苦苦糾纏，最後留下張在美獨個隱居，張迷可能問為甚麼是胡蘭成？或許張愛玲的愛情觀亦如她在《同學少年都不賤》頁三十一中所説：

> 我覺得感情不應當有目的，也不一定要有結果。

除了胡蘭成，炎櫻是她的知己，《對照記》中有她倆的照片。她與炎櫻的關係是很典型的女生友誼，一種對同性真切的深交；與蘇青，是另一種知性相遇的感應。關係對張愛玲是重要的，她是一個外冷內熱的朋友，真心交出不容有失，因此更要保護自己。

她的文風中充滿創意的形容及類比，尖酸刻薄的女性慧黠，中國化的英式幽默，還有她的涵養孕育出來的豁達，都叫人難忘。

今天執筆寫張愛玲，是告別《基道閱讀》之始。看《基道閱讀》的終結，有一種繁華不再的哀愁，曾經的抱負，現實的無奈，竟有幾分張愛玲味，紅顏命不該如此。喜歡張愛玲是喜歡一段時光、一種狀態和一種態度；喜歡《基道閱讀》亦然。讀者都把理想投射在張愛玲身上，她有的是神祕的氣質，充滿冒險性，因此今日作為讀者的我們，仍繼續尋找張愛玲。所以即使《基道閱讀》今天停刊，我仍在記憶與遺忘中尋找《基道閱讀》，不知道你會不會與我一樣。

張愛玲

張愛玲

著有：

《第一爐香》1943
《心經》1943
《傾城之戀》1943
《紅玫瑰白玫瑰》1944
《半生緣》1948
《秧歌》1954
《赤地之戀》1954
《怨女》1966
《同學少年都不賤》2004

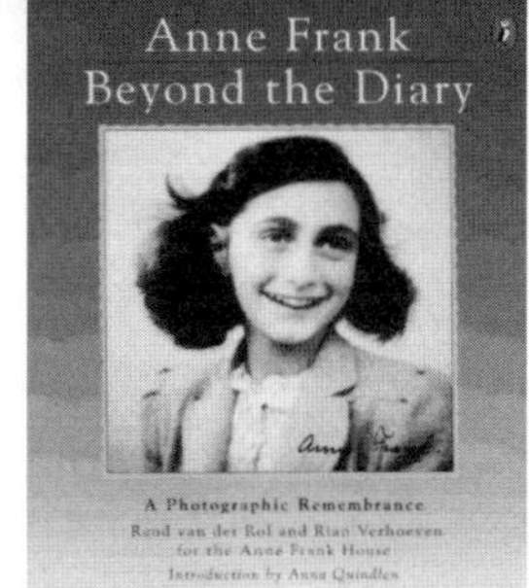

死亡者的回憶——安妮弗蘭克日記

"The attempt to develop a sense of humor and to see things in a humorous light is some kind of a trick learned while mastering the art of living."

— from *Man's Search for Meaning* by Victor E. Frankl

在分析大戰集中營經驗時，維克多弗蘭克認為幽默是從操控生活藝術中學會的小把戲，而小小年紀的安妮弗蘭克已懂得以幽默心態去迎戰戰爭所帶來的空虛、害怕和失望，以孩子天真的眼睛在苦難中尋找快樂和希望。

《安妮弗蘭克日記》，一本年輕女孩的日記，寫於二次大戰時期，讀來沒有苦澀，卻閃爍著年青人對生命的期待和夢想。生存是日記背後的調子，日復一日的數算像時計，能記下一日，就是多生存了一天。在

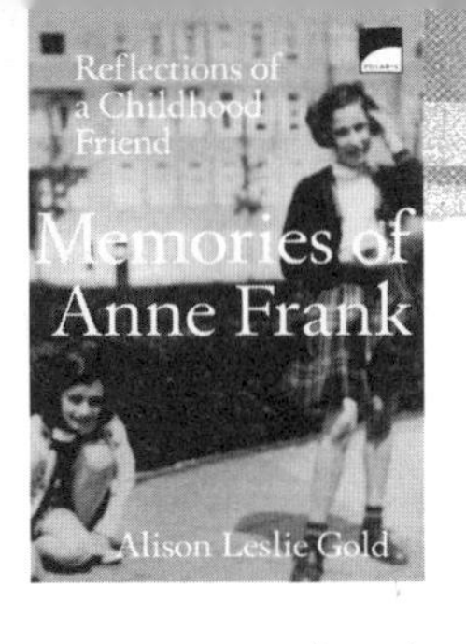

字裏行間，從沒表示要放棄生命。安妮生於一九二九年六月十二日，在她快將到達十六歲生日時，生命卻早一步畫上了句號——估計她是在集中營內病逝。日記簿是她十三歲時獲得的生日禮物，她亦從那時開始了寫日記的習慣，怎知一個月後，她記載的竟是擔驚受怕的躲藏歲月。安妮日記有多個版本，包括她初次的紀錄、重讀時再加修改和反省，及為出版需要而更改等等。日記根本可以很主觀，況且已預設讀者（即書中的基蒂），那麼我們可以估計某部分的內容，是安妮或安妮爸爸或出版商想我們如此認識安妮。雖然是真人真事，但閱讀時，安妮卻令我想起虛構的簡．愛（夏洛蒂．勃朗特名著《簡愛》中的女主角）。

安妮的出生地其實是德國，及後因希特拉的勢力日漸膨脹，針對猶太人的措施愈發嚴厲。在一九三三年的夏天，安妮一家搬到荷蘭，她父親在阿姆斯特丹工作，公司建築物內的後翼暗室，正是後來藏身的地方。

安妮透過日記與自己幻想出來的朋友基蒂以書信形式傾吐心事，找尋慰藉。日記體裁正正容許內容可以瑣碎，可以不著邊際，是情緒的記錄，是思想的整理，不需要裝假（不等如沒有裝假）；因為面對的正是自己，是自我交談，現在的自己與過往的自己交往，作自己的朋友去處理孤獨，從而了解自己。在需要成長空間、建立朋友關係和父母認同的時候，她卻被戰火所逼而躲藏，困在不許作聲，不見天日的內室。周遭的成年人根本沒有心思去體會安妮的心情。在這段找尋身分的青春期中，她經歷第一次月經的到臨，感受到自己對性的好奇和渴求，深深感到被愛的需要，並向小女孩時期説再見。

不只一次，安妮表示自嘲和幽默是她生存之法，她喜歡細意描述各人的性情，繪影繪聲，愛恨分明，使讀者也覺得好像認識她身邊的人——她至愛的爸爸，老是不了解她的母親，永遠優秀的姐姐，時時找她錯處、卻要同住一室的牙醫，別具個性的范達恩家庭，還有盡心盡力幫助猶太人的庫格勒、克萊曼、梅普和比貝。而安妮則樂天、敏感又愛自嘲，是一個情緒化的可人兒。日記給她在有限的生命和空間中，享受幻想的無限。

安妮的日記其實徹頭徹尾是本少女心事事件簿，能夠被認同為猶太人的共同遺產，是因為戰爭、仇恨粉碎了多少普通人的夢，令一個少女的簡單渴求都變得奢侈。愈簡單愈天真，愈使人感到邪惡的可怕，小女孩的故事勾起了集體的渴望和共同經歷的痛苦回憶。日記也告訴了我們在納粹德國領導下，多少平凡但勇敢的人不畏危險，去救猶太人；也看見多少猶太人如何艱難地去掙扎維持日常的生活，繼續去學習，如常看書，希望有一天生活會回復正常。正等到大戰臨近結束的一刻，他們卻被人發現，被送到集中營，只差一點點，這機遇的玩笑分外叫人無奈。最後只得安妮的父親存活，安妮的日記被梅普尋回，交回她父親，並將之出版，使更多人明白被害的猶太人是如何熬過那些歲月。

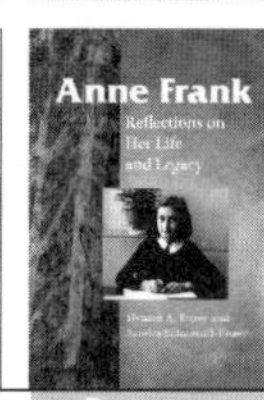

著有：

《安妮弗蘭克日記：一個猶太少女躲避納粹軍逼害的經歷》

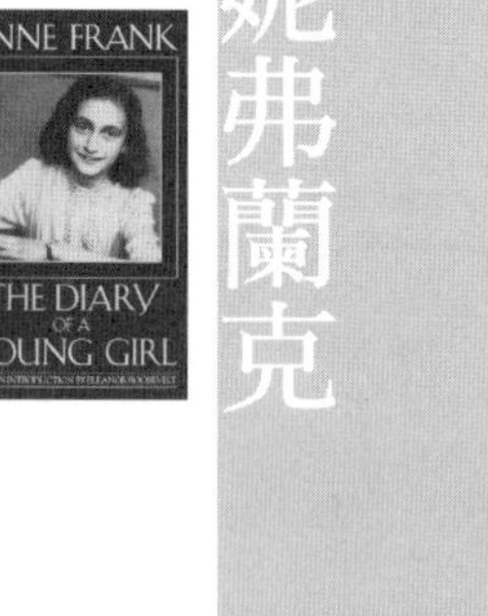

安妮弗蘭克

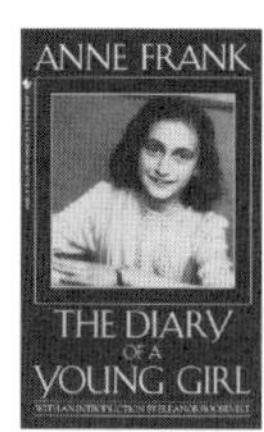

尋找李碧華

她手的一條紅線／穿梭時空挑起七情六欲／她的話語卻是冷眼所出／歷史被她拉進文字時空／文本忽然由輕變重／幾度斷腸／不知心哪裏旁落／對鏡自憐／真實不過鏡花水月／故作世故的妳／偶然扯扯紅線／看看誰的心被顫動

她是李碧華，她的作品既有「賣錢」的元素，同時又幸運地被流行文化學院派垂青，加以詮釋。作品內容多元，小說重寫名女人的種種，用當代老眼光重新詮釋耳熟能詳的故事；畫龍點睛，使舊故事輪回再生，編排一個又一個的高潮，極適合電視、電影等媒體運用。雜文方面，嘲弄的筆鋒道出人情百態，時論食物，時論女人，隨手拈來，就是要刺激你無法安靜，忽然又寫一曾為慰安婦的婆婆難忘所愛的故事，文體有新意，內裏的定律仍是受盡男人霸權淩辱的女人，遇到心中的真男

人，命運弄人，分別後再遇，卻只能有緣無分，舊酒新瓶，回憶總是美麗的，恰恰好像在談香港的政治情況，在回歸的十年中，是尋找真男人去託付終身？

與友人談起李碧華，一眾覺得她彷彿屬於早一個年代，雖然如此，今日仍見她的文章在《壹週刊》刊登，早前還好像鬧著李碧華在專欄批評章小蕙事件，看來李碧華對名女人的興趣似乎未減，在《一〇八個女人色相》中，她論盡不同女人，以女人的角度，將心比己，嘗試發掘現象以外的女人心理。時被批評文章偶帶歧視女人嫌疑的作家陶傑，也寫了一本書談談名女人，兩陣交鋒，優劣立見。男的優於筆鋒，到處生花，有如書名「滿香園的一朵朵笑靨」，散發全書，惜花、賞花之心躍現紙上。女的字字珠璣，點點刺穿，通俗而不掩飾，處處要顯示自己的慧眼。

很少見她露面，因此有很多傳說，父親問我她是不是當過教書，朋友告訴我她當過編劇，我看過她做編劇的電影，網站的訪問記錄者形容她外貌平凡，訪問中的李碧華自嘲長相老土，曾在路上被警察查身分證，看看她是不是偷渡客。有時看她的書，會感到吃不消，太多名句割斷地存在，似是而非的大道理，多看不覺精彩，反而有點頭痛，因此我有理由相信她不是一個容易應付的女人。

女人不妒，怎麼夠資格做女人？與生俱來，天賦異秉。男人如何善妒，都比不上她們之快、狠、準。

女人逼害女人，才是最凌厲的——非常清楚對方受不了甚麼。

女人是攪拌機。大小是非一手攪勻過濾，面目全非。

在《潘金蓮的前世今生》中，那班未嫁的姨媽姑姐和太婆非常煩人，陪伴新版西門慶Simon的一班妒意滿盈的姊妹，女人並不特別可愛，潘金蓮這「淫婦」難道會惹人喜歡嗎？她沒有蓄意反抗男性父權和固有壓迫女性的建制，這也是文化評論對她的批評。我不想反動，如果心深處相信一切是註定，反抗也沒有用。

真男人難求／真女人命苦／罪孽迷惑眾生／好時命定／壞時報應／命運為王／女人為奴／來回流轉／哪裏是出路

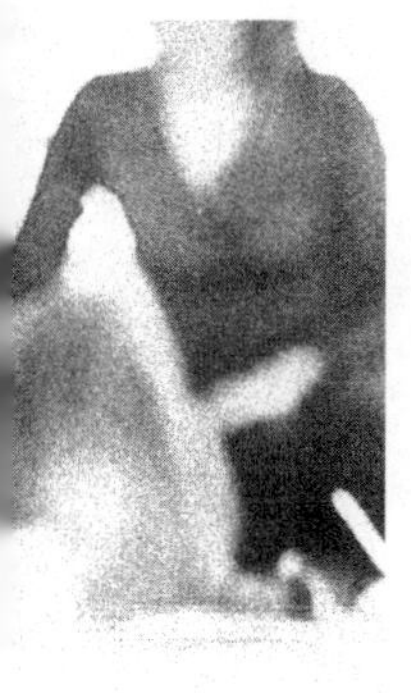

李碧華

著有：

《霸王別姬》1985
《青蛇》1986
《潘金蓮的前世今生》1989
《白髮》1989
《水袖》1993
《好男人不過是一瓶好的驅風油》1993
《恨也需要動用感情》1993
《女巫詞典》1999
《夢之浮橋》2000
《牡丹蜘蛛麵》2001

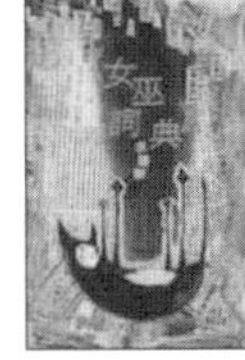

不是家明與玫瑰

亦舒

壯觀，除卻壯觀還可以怎樣形容二百多本書列出來的陣勢，清一色的白色天地系列，早就標誌著亦舒在愛情小說界的地位。她跟她哥哥倪匡的作品陪伴我們度過最美好的青春歲月。她寫的是青春的霸氣，他寫的則是青春的好奇。亦舒的全盛，是玫瑰帶來的燦爛，燦爛有侵害性，是夢囈，難以擺脫。在亦舒的文字世界裏，燦爛從不永恆。經年累月，文字沉澱出一種個性，冷冷的、抽離的、永遠不讓自己越界，文字看得人舒服，沒有血和淚的濃烈，也不叫喊。

亦舒作品中的女人永遠自信、漂亮、自覺、勇敢、大方，總之不是蕩婦，甚至聰明得令人難以接近，所以她們都寂寞。主角雖然缺乏家庭溫暖和朋友的看護，但身旁永遠守著奉自己為女神的觀音兵。亦舒的女主角無論出身如何，至少一定有令人艷羨的美貌和身形，與及清麗脫俗的氣質，因此無可避免地進入競技場，像「阿修羅」，不知不覺湧起令敵人倒地的野心，以美貌和青春嚇退敵人。

沒有多少作者可以一行只得一個單字，只一個「啊」、「是」、「我——」竟不令人反感。看得多，又覺得是一種特色，很貫徹作者筆下女角風格，爽直不矯揉造作。畢竟聰明人說話不需太長，話太長只令人覺得畫蛇添足，這些單字短句不知不覺的製造了很多對話空間。那些女角已經夠寂寞，若對話的機會也沒有，可真會變成寂寞婆婆。

在亦舒筆下，世界好像很舒泰、平和：《阿修羅》的母親縱火自毀生命、《我們不是天使》的色情事業、《同門》的偷盜行為，但一切都淡淡然，住城寨也不是甚麼。在愛情小說的世界裏，寫實永遠失敗，再壞的事也不過只是一幕佈景。美化了，就不再真實。在真實世界裏，亦不會隨時遇到公子哥兒。現在，亦舒的作品仍於《明報週刊》和《姊妹》連載，但作品的性格愈來愈模糊，愈來愈難告訴別人亦舒的故事關於甚麼。看著《姊妹》粉紅色的書頁，更覺亦舒文章的「白」：性從不是重點，情與欲明明白白的分家。

對亦舒的認識，來自同窗、朋友的朋友和父親：同窗借亦舒的作品給我看；朋友的朋友是一位同志，但很喜歡亦舒；而父親告訴我亦舒是很遲才發力用功。亦舒「告訴」我生活環境如何不要緊，一定要爭氣，爭氣需要天賦，可惜天賦爭不來。亦舒「告訴」我，愛情不是女人世界的全部，卻是女人生活的決定點，愛情代表機會，代表選擇。而女人還是不依賴男人好，永遠與他做朋友，自由是不能白白送給男人的。但說來說去，女人的生活為何總是被男人圍繞？對漂亮的女人而言，愛情是不是負累？太聰明的女人好像難有幸福。同意嗎？很抱歉，我們不是家明與玫瑰，談的只是平常人的戀愛，如果每日都要星光燦爛，落寞時要數數《星的碎片》，口裏喊著《直至海枯石爛》，這樣的生命是不是太單薄了一點？這樣的愛會恆久嗎？

亦舒

亦舒

著有：

《家明與玫瑰》
《玫瑰的故事》
《圓舞》
《朝花夕拾》
《阿修羅》
《我們不是天使》
《同門》
《星的碎片》
《直至海枯石爛》
《傷城記》
《緊些，再緊些》
《喜寶》
《電光幻影》
《心之全蝕》
《我確是假裝》
《小紫荊》
《美麗新世界》
《忽爾今夏》
《在那遙遠的地方》
《他人的夢》
《拍案驚奇》
《石榴圖》
《藍這個顏色》
《年輕的心》
《仲夏日之夢》
《流金歲月》
《無才可去補蒼天》
《西岸陽光充沛》
《她比煙花寂寞》
《沒有月亮的晚上》
《七姐妹》
《豈有豪情似舊時》
《如果牆會説話》
《曼陀羅》
《今夜星光燦爛》
《迷迭香》
《風信子》
《我的前半生》
《真男人不哭泣》
《錯先生》
《絕對是個夢》
《弄潮兒》
《推薦書》
《小朋友》
《故園》
《黑羊》
《癡情司》
《莫失莫忘》
《小玩意》
《這雙手雖然小》
《假夢真淚》
《請你請你原諒我》
《流光》
《禿筆》
《承歡記》
《不易居》
《寂寞鴿子》

從真實生命中找童話，從童話中找生命素質

陳丹燕

想起上海，很難不談上海女人，談起上海女人，無人敢不談張愛玲。如果上海出的男子是商家，女的必是別有韻味的才女。可惜在種種追捧舊上海現象的同時，上海的風韻未免因別人的媚行而沾上俗氣。上海繁極之時反映著多少童話式的生活，但歷史的鞭撻卻更能剖開內中真正的素質。寫上海的作者多，陳丹燕是其中一位令我看得舒服，又不使我這個南方的孩子感難受的，因為在她的文章裏，不是一味歌頌上海，而是更深層地把人的素質顯現出來。她書寫，不曾為甚麼偉大的目的，卻執意要寫真實的事。無疑，真實的故事最能感動人，即使不同民族的人，也可以明白和溝通。她的中篇小說《女中學生之死》，就是採訪了真實的自殺事件而寫的，成就得到日本兒童文學界認同，並翻成日文發行。她在一九九一年德國慕尼黑國際青少年圖書館作訪問學者時，創作了以自己童年時代反省為主題的長篇小說《一個女孩》，受到德國兒童

文學界極大重視。《遙遠地方的音樂聲》即記述了在異國遇到的人和事，當中的「跋」點出了陳丹燕書寫的世界的起點：

坐公共汽車時，我願意排一會隊找一個座位，為了可以有心情看人……有朋友來的時候，我喜歡他們都説話，讓我不費力地在旁邊看著……所有這一切，都因為我喜歡看人……對於我來說，別人的心靈和別人心靈中的故事，是來自遙遠地方的音樂聲。

訪問、觀察、描寫是陳丹燕文字的核心，讀來淡淡的，卻有一陣幽香，像與人親切地交談。她這種文字特質亦延伸到她的廣播節目內。她所主持的上海東方電台節目「十二種顏色的彩虹」贏得年輕聽眾的心靈和喝采，節目內不離她深情鍾愛的童話內容，童話是她畢業論文的主題，就讀於華東師範大學中文系的她，熱愛西方幻想文學的研究，也把它帶進生活，也把它化成音樂，在空氣中傳播。《青春心事》一書結束了她和小聽眾的書信往來。然而，聲音的前後也逃不過文字，因為當她還小的時候，有著口吃的毛病，羞於用言語表達的她，寄情文字。所以聽眾在聽她放廣播時，會同時聽到廣播裏翻紙的聲音，她要把要説的話先寫出，才有信心讀出來。

雖然兒童文學根底如此深厚，最叫香港人認識她的，卻是寫上海那一系列的書：《上海的風花雪月》、《上海的金枝玉葉》、《上海的紅顏遺事》，上海的女人成為陳丹燕審視上海和審視自己中國心的鏡子。《上海的金枝玉葉》中的戴西（上海華資永安公司郭氏家族四小姐），是一個把生活建在上海的女子，雖然出生在澳大利亞，但在上海有她的愛人和她的家。童年的富裕生活、中西學塾的良好培育、燕京大學所灌輸的教養，都裝備戴西這位金枝玉葉去迎接生命中的苦難和命運對美滿童話的嘲笑。在陳丹燕的筆下，我們看見童話故事強調的堅強美好素質如何透過戴西呈現出來，是Pollyanna[1]那種童話給予戴西生存的勇氣。

而童話一直與女性有著密切的關係，童話中藏著女性能達到的美好素質，不是讓童話叫我們安於現狀，而是從童話幻想世界裏支取力量，去面對生命的邪惡勢力。看表面，這幾本書像是一眾寫上海的作品的其中幾本。看真點，陳丹燕是我們從上海連到女人，再連上童話和更深的生命內涵的一位作者。閱讀起來，會感到意想不到的豐富。因為童話有夢，有夢可以飛行，上海可以，女人也可以。

註1：Pollyanna是Eleanor H. Porter一九一三年所著的經典童話，Pollyanna是一個以樂觀情緒迎戰生命困境的女孩。

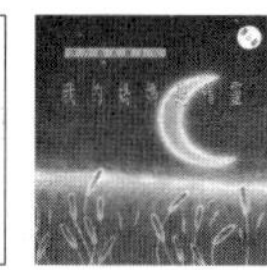

著有：

《女中學生三部曲》1988
《心動如水》 1993
《美麗信紙上的青春》1994
《遙遠地方的音樂聲》1996
《晾著女孩裙子的公寓》1995
《女人的肖象》1997
《年輕人的旅店》1997
《上海的風花雪月》1998
《上海的紅顏遺事》1998
《一個女孩》1999
《我的媽媽是精靈》2000
《咖啡苦不苦》2001
《今晚去哪裏》2001

Women and FOod

陳慧／西西／薇依

有的女性以食物表達溫馨平凡的幸福，
有的，則以不吃來表示最高貴的忠誠。

女人嗜甜，看來是證據確鑿的。美國伊利諾大學的研究顯示：女人愛甜品及令人沉醉的食物(indulgent food)，如朱古力；男人比較喜歡熱盤，如薄餅(*Psychology Today*, Jan/Feb 2001)。再者，女人好像比男人貪吃，男人吃得講究，女人吃為開心。女人看食看出感情，食物的味道與環境與心情絲絲緊扣。電影《情迷朱古力》的朱古力味及《美味廚房》的意大利粉，愛恨情愁均以食物的形態呈現。**陳慧**的作品處處可見盛載童年回憶的懷舊平民食品，很有香港感覺。她作品〈味道〉中的莫太一屋三女人，把感情注入食物，食物洩露各人的心事。食物令一些沉睡了的感情、褪色了的感情，重新活過來。張愛玲也重視吃，而且吃得細緻。

食物在**西西**筆下，像童話故事中的南瓜，作業可以變成三明治、菠蘿懂得喊。這個世界實在太有趣，女人的童心也別具魅力。大部分女人雖然愛食，但總有例外，為了更高的理想、更重要的使命，女人也可以不因為男人的情況下而不食。不食人間煙火的可會是**薇依**？堅定的眼神、瘦削的身材，對食物沒有欲望，她的心思意念全集中在將要來的事，除祂以外，別無所求。

女人與食是心靈的聯繫，要窺探女人心，食物會不會是最好的線人？

陳慧的香港故事

不知怎地，香港人忽然開始懷舊，雖然不一定等於念舊。電視上的歌、巴士上的歌、新聞中的歌，都是從前的歌。眼見《獅子山下》重播，國泰電影回顧，還有文學雙年獎重溫往昔尖沙咀的風光。可是，我心裏惦掛的是從前看過的一本書——《拾香紀》，這作品也曾獲中文文學雙年獎。作者是一個我相信與我年紀相若的人，分享著相同的成長記號，七十年代成長的一輩，在記憶香港時，見證著香港的樸素和豐盛，自信到迷惘。陳慧要讀者知道她是與讀者沒有兩樣的普通人，在香港成長，在香港寫作，身處的不是火紅年代，感情簡單又直接，作品中不少男孩子第一句說話是「妳可不可做我的女朋友？」但世界不只我們這一代活著，在家相處，是不同年代的交纏，感情因此變成有層次，家是陳慧眷戀的地方。

從沒有見過這麼多香港的圖象重複走馬出現，《歡樂今宵》、辦館、電台深宵Phone in節目、《狂潮》、黃耀明、茶餐廳構成香港拼圖。移民、結婚、六四、失戀、死亡翻起平凡人不平凡的情。當真實的香港難以愛上，愛上回憶的香港未嘗不是一種補償。

陳慧的作品往往以一件物件開始進入聯想，再進入情，因此她的作品被認為是詠物的文章；詠物是手段，言情是目的，她的作品中，我最愛〈味道〉，每一章節以一種食物為中心，連載於報章，竟出奇地接合，連作者自己也驚嘆每個故事可以如此獨立，也可以如此一體。

味道有三個獨當一面的女人，主角甜甜是一個被母親廚藝寵壞的孩子，兩個女兒也得到媽媽廚藝真傳。莫太太要煮，因為要討丈夫的歡心，做飯是為討飯，換來卻是情債，廚藝愈受人賞識，卻遺忘了一粒方糖在口的簡單快樂。進食使她遠離了自己的身體，遠離了自己的感覺。她女兒甜甜為了一個男人而拒絕進食，只因為那個男人說只要她減去四十磅，就會迎娶她。姊姊二秀雖然喜歡煮食，煮得好，卻沒有信心可以自成一派出版自己的食譜。暗自埋藏自己心底的渴望，以為自己可以安安分分做教師，心裏惦念的是午餐肉煎蛋的伎倆。曾經有不少作品以感情和食物為題。不同的是，〈味道〉裏面的芝麻梳打餅乾、麥芽糖、豆豉鯪魚，比朱古力或龍鳳菜式勾起「香港仔女」更多平時不曾留意的情懷，打開了後像開魔術盒一樣，撲出往日的回憶和感覺。

女人善感，在陳慧女性的觸覺下，揭開的是祕密的情感，在人與物互動之間悄悄泄露。作者在《四季歌》的〈復活〉中曾說：

人是會死去的。人死了之後，好像一切都過去。可是，不知道甚麼時候，思念啟動了，一些關係，一些感情，又再活過來了。

人生的五味架被食物所翻動，食物情，聖經中有紅豆湯、五餅二魚、水變酒，給路得的麥穗和最後晚餐，五官因震動而復活，使人看到生之可盼和可期待。一個能夠從小事中找到驚喜、熱愛生命，重情的人，這是陳慧震動我後，留給我的印象。

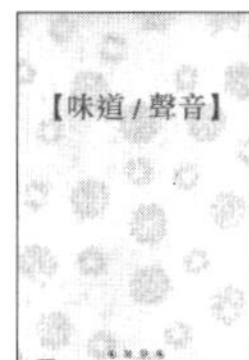

著有：

《拾香紀》1998
《味道／聲音》1998
《補充練習》1999
《四季歌》2000
《人間少年遊》2001
《物以情聚》2001
《看過去》2002

陳慧外篇

《拾香紀》再現八十年代的歷史

《拾香紀》是一本很精心包裝的作品。故事本身彷似平凡小品，猶如友人日記，也像是在與好朋友傾訴。然而，背後隱藏的意圖卻絕非單單如此。作者陳慧嘗試由個人角度，透過家庭這社會中的基本單位，去探索歷史的足印，甚至企圖去建構一個以個人經驗出發的香港歷史形像。為甚麼我會用「歷史形像」去形容陳慧的作品呢？因為在書內你會看見很多象徵符號，使你想起許多香港的片段。在閱讀過程中，我深深感受到香港歷史的影象化。香港人挽著鐵桶、膠桶輪水；一家圍著看電視，鍾情荷里活電影等等，都像一格格菲林。當我看著《拾香紀》時，我想起了粵語長片，尤其想起了紅線女的《慈母淚》就是探討人如何因著社會變遷而改變。

拾香這角色實在太典型。她七十年代出生，盡享香港經濟起飛的好處。她的父母是大時代的兒女，來到香港，落地生根，生下十個子女，各子女以一至十去命名，然後以子女名字發展百貨事業和各種隨時代應運而生的生意。全書的結構就是環繞著這個大家庭的成員團團轉。最弔詭的是，當拾香的生命正面臨終結，讀者甚至不能決定敍述的時間是拾香生前，還是死後。本來享盡好處的拾香，卻是最短命的一個。每一章，拾香都在追憶以往的人和事，有些是她親身經歷，有些是聞名未見的。她娓娓道出對家人的印象，「情」把他們聯繫在一起。

回想香港的歷史，我們可以從很多角度入手。或用事件記敍，或以社會學角度進入。因此，我們會有沉悶乏味的「正史」教科書，也有民間流傳的口述歷史。不無遺憾，從事香港歷史研究的人不多，結果香港沒有進入歷史的深處，我們有的是膚淺和鴉片性的、令人沉醉的經濟神話。香港沒有獨立戰爭、沒有革命，甚至連名字也是別人取的。我們最常聽到的論述是「由小小的漁港發展到今日的大都會城市」，所以我們有帆船、有中銀大廈、有匯豐銀行。香港的歷史是物件導向，回憶中是維他奶、荔園、中巴、啟德、波子汽水、巴士車票、英女皇頭郵票。我們輕易懷念，也輕易忘記。

「拾香」的角色就是見證著光輝的墜落，回憶是短暫，但每個其他個體都豐富了拾香的生命。陳慧就是這樣，把情帶入歷史、把個體帶入羣體。情挑起了讀者的認同和一體感，在不知不覺中，陳慧重新建構一個富人情味的羣體記憶，而這正是香港現在漸失去的光輝。

跳飛機的女孩——西西

「疊字」的稱呼尤其稚氣，也額外有親切感，「西西」就是這樣一個名字。每當被人問及筆名的由來時，總會告訴別人看看她名字的圖畫，看見了嗎？是一個女孩跳飛機的動作。看她的文字，又如看她的筆名一樣，都得加點想像：落入一點稚氣。西西的作品其實有著鮮明的性格，是本土的，是城市的，是虛實互融的，是一種主動建築的美。

西西是一個本土作家能揚名台灣的例子，她的文章本土得可以成為香港考試局指定課文，但又為台灣洪範書店長期垂青。即使如此，她的作品也受到抨擊，被指文字結構不嚴謹，但批評者可能忘記了文字的創造性。文字的創造性孕育風格，風格流露作者的特質。西西喜歡作者波赫斯，因此某程度上也有類似以建築迷宮的野心，文字就是建築的原料。西西喜歡建築，喜歡繪畫，文字中喜歡加插畫，有點「小王子」味道。西西的詩，西西的散文和實驗性小說都帶給讀者孩子純真氣質和好奇的態度。

西西的答問同樣精彩。「如果你問我這裏的冬天會不會下雪。我說，我實在是很喜歡吃雪糕的。你會問我會選擇甚麼內容的冰淇淋，我說，既然有一種叫花生，我喜歡花生。」（摘自西西散文〈答問〉）

《我城》是西西最富城市面貌的作品，與台灣女作家朱天文比較，西西眼中的《我城》是較貼近平常人家生活、樸實、進取的，很有七〇年代社會氣息。反觀朱天文，她筆底下的城市卻是從璀燦到糜爛。那種很草根的香港味道，令人想到陳慧，兩個女作者同樣用了豐富的食物用詞。

> 有一天，那些作業忽然都變了三明治，有的封面變作了麵包，裏面的紙頁變成了酸菜、番茄片、火腿和雞蛋。
>
> ——《我城》，頁五十四

食物不單遍滿四處，更是活生生的。

一隻菠蘿喊

——我們又香又甜
——我們不是雞尾酒
又一隻菠蘿喊。

像沒頭沒腦，加插於文字與圖畫之間，重疊又重疊的句子，就是西西的文字，一層疊上再一層，那麼刻意又那麼隨意，但閱讀她的文字是件很倦的活動，就像沒完沒了。

你決定先坐下來。於是，你坐下。當你坐了下來，你對自己說，還是先睡一覺再說，於是，你躺下來，閉上了眼睛。不久，你就和舞劍的那個人一般睡熟了。
——《我城》，頁一二八

著有：

西西

《像我這樣的一個女子》1984
《像我這樣的一個讀者》1986
《哨鹿》1986
《美麗大廈》1990
《花木欄》1990
《耳目書》1991
《象是笨蛋》1991
《候鳥》1991
《剪貼冊》1991
《哀悼乳房》1992
《畫／話本》1995
《飛氈》1996
《我城》1999
《拼圖遊戲》2001
《旋轉木馬》2001

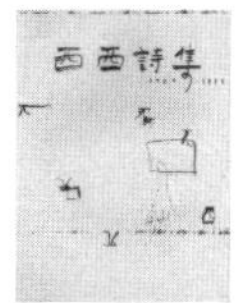

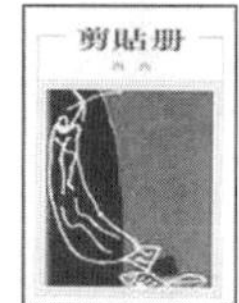

真理的守候者薇依

喜歡薇依，因為妒忌、妒忌那種少見的情操；生活在忙碌並節奏急速的社會，我們有一千個理由拒絕等待。然而等待卻能孕育真正的渴望，開往永恆的通道。

對薇依的印象，開始於一張相片。圓又大的粗框眼鏡透露著絲絲對世界純真的渴望，闊袍大袖的衣服間掩藏著瘦削的身軀，永不言棄的堅執在眉宇間悄悄顯露。「美麗」跟她沾不上邊，她拒絕被定型為一位女性，她不想因自己的性別限制自己的角色。

等待源自一個渴望，一份自信，法文書名*Attente de Dieu*中的Attente解作等待、期望及渴望。貝克特的《等待果陀》諷寓一種荒謬的等待。然而，薇依的等待是有方向的，並且朝向真理。在過程，上帝主動邀請，人預備自己赴會。

薇依的整個生命，就是不斷在知性上、感情上、經驗上裝備自己去

迎見上帝，如同聖經所說的新婦及挑油燈的童女一樣，隨時準備迎接新郎的到臨。在她生命臨近終結的日子，她享受著與神親密相遇。縱使薇依未曾體味像西蒙波娃與沙特的愛情，也沒有像海德格與鄂蘭那種欲斷難斷的關係，她卻是一位等待出閣的美麗新娘。她追求的，不是物欲的滿足，而是從上帝而來的豐盛。

薇依是一個願意「破格」的人，卻又同時敢於擇善固執。對她來說，認真思考是必然的，絕不容許自己因循加入教會、接受洗禮，她必須清楚知道所作的是上帝願意她做的。她不想因自己是教會的一分子，而接受教會一些「屬世」的手段和做法，若要鼓吹教會那一套，有時未免確認一些違背上帝的事。她曾質問亦師亦父的Father Perrin有否為了維護教會立場犧牲了作為知識分子應有的誠實，助長了不公義的行為（*Waiting for God, Part 1*）。

「走近人羣」是薇依的信念。她設法把自己與教會分別出來，她認為要住在無信仰者及其他宗教信徒中間，才能更深體會對方的想法，並與他們分享上帝的愛。根據薇依的觀點，既然上帝的愛是普世性的，只顧沉溺在弟兄姊妹溫馨的團契之中，無疑忽視了上帝對「世人」的愛。她決意走到人羣當，在貧苦勞碌平民的日常生活中，去貼近那貼近人的上帝。

她的生命活得像個修士，她以靜默迎見上帝，她以困境磨練自己，她拒絕世俗的誘惑，這是一個決定，選取一條不易走的路。她禁食、飢餓，身體虛弱得倒下來，離開人世，留下的是對真理認真追求的閃爍光芒。儘管我們嘗試把她定位為神學家、政治活躍者、宗教社會主義者，這一切一切都已不重要，正如她堅持在教會之外的身分一樣，她不需從屬地上組織；她只屬乎上帝，在等候中享受上帝愛的甜美，這已經很足夠。

著有：

《期待上帝》1994
《重負與神恩》 1998
《扎根：人類責任宣言緒論》2003

緊扣時代　服事教會

以文字傳揚基督真道

讀者意見表

衷心多謝你購買本社書籍。本社一直致力以出版事工服事教會，幫助信徒扎根於神的話語，促進靈命增長。為使我們的出版更能滿足你的需要，請填寫下列各項資料，並寄回或傳真予本社。

所購書籍：____________________

本書最吸引你的地方：

☐作者　☐適切性　☐文筆　☐設計　☐實用性

☐其他：____________________

購買本書地點：

☐基道書樓　☐基督教書店　☐非基督教書店

性別：☐男　☐女　職業：____________________

信仰：☐基督徒　☐非基督徒

年齡：☐ 16 歲或以下　☐ 17～25 歲　☐ 26～35 歲

☐ 36～55 歲　☐ 56 歲或以上

學歷：☐中三或以下　☐中五　☐預科

☐大學　☐研究院

☐我欲更多了解基道出版社的事工及考慮支持，請寄給我下列資料：

☐機構簡介　☐新書資料　☐基道會員通訊

☐《基道文字事工通訊》

姓名：____________________電話：____________________

地址：____________________

____

傳真：____________________　電子郵件：____________________

其他意見：____________________

____

多謝賜教！

意見表可以傳真（2687-0281）或直接郵寄以下地址：
香港沙田火炭坳背灣街26號富騰工業中心1011室
基道出版社編輯部收